特拉帕托尼自传
NON DIRE GATTO

[意]乔瓦尼·特拉帕托尼Giovanni Trapattoni [意]布鲁诺·隆吉Bruno Longhi 著

杨燕 胡林芬 译

台海出版社

图书在版编目（CIP）数据

特拉帕托尼自传 / （意）乔瓦尼·特拉帕托尼，（意）
布鲁诺·隆吉著；杨燕，胡林芬译 . -- 北京：台海出
版社，2017.12
　　书名原文：Non dire gatto
　　ISBN 978-7-5168-1614-1

　　Ⅰ . ①特… Ⅱ . ①乔… ②布… ③杨… ④胡… Ⅲ .
①乔瓦尼·特拉帕托尼—自传 Ⅳ . ① K835.545.47

　　中国版本图书馆 CIP 数据核字（2017）第 257476 号

First published by Rizzoli © 2015 RCS Libri S.p.A., Milan
Simplified Chinese language edition published in agreement with RCS Libri S.p.A.,
through The Artemis Agency.
Simplified Chinese edition copyright © 2017 Beijing New World Champion Culture Co., Ltd.
All rights reserved.

版权合同登记号：01-2017-6790

本书为引进版图书，为最大限度保留原作特色，尊重原作者写作习惯，故本书酌
情保留了部分外来词汇。特此说明。

特拉帕托尼自传

著　　者 | （意）乔瓦尼·特拉帕托尼　　（意）布鲁诺·隆吉
译　　者 | 杨　燕　胡林芬

责任编辑 | 刘　峰　　　　　　　　策划编辑 | 张　盼　王　玥
封面设计 | 主语设计　　　　　　　责任印制 | 蔡　旭

出版发行 | 台海出版社
地　　址 | 北京市东城区景山东街 20 号　邮政编码：100009
电　　话 | 010 — 64041652（发行，邮购）
传　　真 | 010 — 84045799（总编室）
网　　址 | www.taimeng.org.cn/thcbs/default.htm
E — mail | thcbs@126.com

印　　刷 | 北京嘉业印刷厂
开　　本 | 710 毫米 × 1000 毫米　　1/16
字　　数 | 200 千字
印　　张 | 15
版　　次 | 2017 年 12 月第 1 版
印　　次 | 2017 年 12 月第 1 次印刷
书　　号 | ISBN 978-7-5168-1614-1
定　　价 | 55.00元

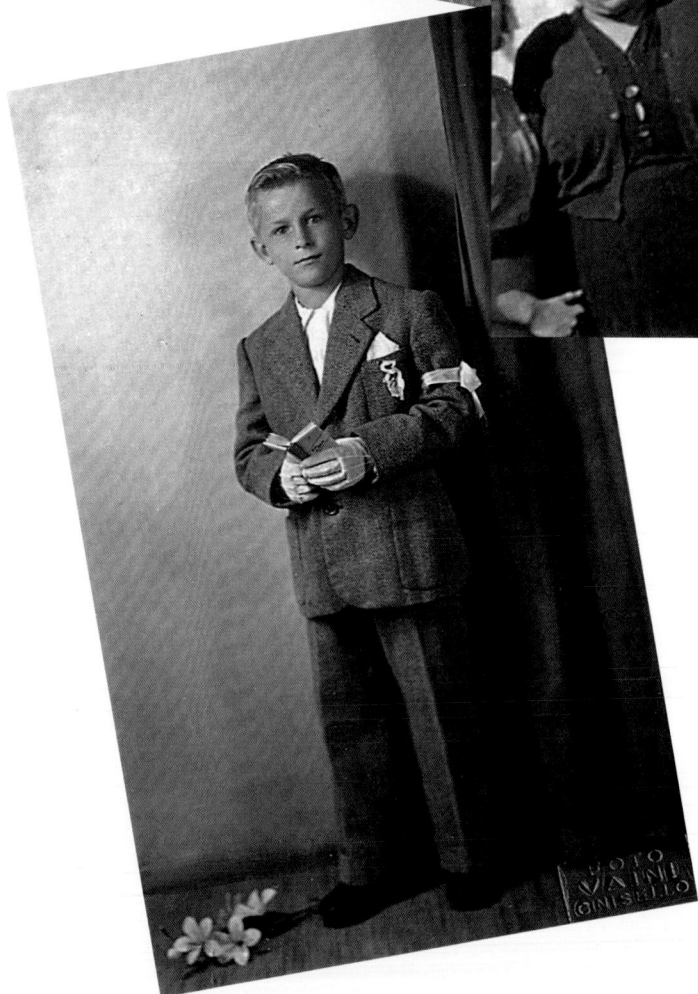

爸爸弗朗切斯科（左上），我和妈妈罗米尔黛。边上的照片里，是我第一次参加圣餐。

参加了1958年维亚雷焦杯的AC米兰队员们。

1960年1月14日。我的意甲联赛首秀，斯帕尔对阵AC米兰，0∶3。

在吉波·维亚尼和内里奥·罗科（左一和左二站立的两位）教练率领下参加了1960年罗马奥运会的意大利国家队，我在前排右起第五个。

1962年11月11日。我代表国家队参加奥地利对阵意大利的比赛。从左到右，站着的分别是：图姆布鲁斯、莫拉、索尔玛尼、亚尼奇、普亚和马尔蒂尼；蹲着的分别是：拉蒂切、布尔加雷利、帕斯库蒂，我和内格里。

我不是个对进球有着渴望的中场球员，但我也进了些球：这是我在国家队内进的唯一一粒，那是1963年，对阵奥地利。

WORLD SOCCER

TWO SHILLINGS
AUSTRALIA & S. AFRICA 2s. 6d.
NORTH AMERICA 35 cents

WORLD SOCCER AUGUST 1963

1963年《世界足球》八月刊的封面，为了恭贺我们在欧冠中赢得了有着黑珍珠尤比西奥的本菲卡。

AC米兰1963—1964赛季阵容。从左到右，站着的分别是：马尔蒂尼、戴维、里维拉、莫拉、阿尔塔菲尼、萨尼；蹲着的分别是：我、特雷比、巴尔扎里尼、佩拉加里、阿玛里尔多。

与贝利带领的桑托斯多场
比赛中的一场，我与球王
在更衣室交换球衣。

和加尼·里维拉（右）在一次国家队集训的休息间隙。

这是我17次代表国家队出战的其中一次。

我在无数场米兰德比中的其中一场紧盯苏亚雷斯。

和老爹罗科、加尼·里维拉、卡尔-海因茨·施内林格（从左至右）一起，我在最右。

我和阿里斯蒂德·瓜尔内里与国家队的技术指导埃伦尼奥·赫雷拉。

我正在接受我敬爱的老师吉波·维亚尼的教诲。对不值得的人，他总是言辞粗暴，但对敞亮和敏感的人，他却是个好说话的人。

— Giovedì 12 agosto 1971 — Corriere dello Sport CALCIO A pagina 7

IL BIONDO MEDIANO HA LASCIATO LA MAGLIA ROSSONERA SERVITA PER SEDICI ANNI FINO AI MASSIMI TRIONFI

MARIO PENNACCHIA
Uomini ←
→ contro

Trapattoni: «Separarmi dal Milan come uscire la prima volta di casa»

1971年8月12日，《体育快报》对我的采访，我在米兰待了13年后转去瓦雷泽，辗转青年队和一队之间。

新的挑战来临了。同样是在1971年，在退役前几个月，我得到了三级教练的证书。

C. O. N. I.
FEDERAZIONE ITALIANA GIUOCO CALCIO

SETTORE TECNICO

DIPLOMA

Trapattoni Giovanni

ha frequentato con esito positivo il corso per l'abilitazione ad

ALLENATORE DI 3ª CATEGORIA

Firenze, 20 Novembre 1971

IL SEGRETARIO
Dr. Fino Tini

IL PRESIDENTE F.I.G.C.
Dr. Artemio Franchi

IL PRESIDENTE
Dr. Franco Carraro

与大律师阿涅利（中）和詹皮耶罗·博尼佩尔蒂（左）一起，我们铸就了一支伟大的尤文队，有能力在10年内获得六枚盾牌、两座意大利杯、一座足协杯、一座欧洲优胜者杯、一座欧冠杯、一座欧洲超级杯和一座洲际杯。

与球王米歇尔·普拉蒂尼一起。

我的克星恩斯特·哈佩尔（左），无论是1978年率领布鲁日队还是1983年率领汉堡队，都在欧冠比赛中打败了我麾下的尤文。

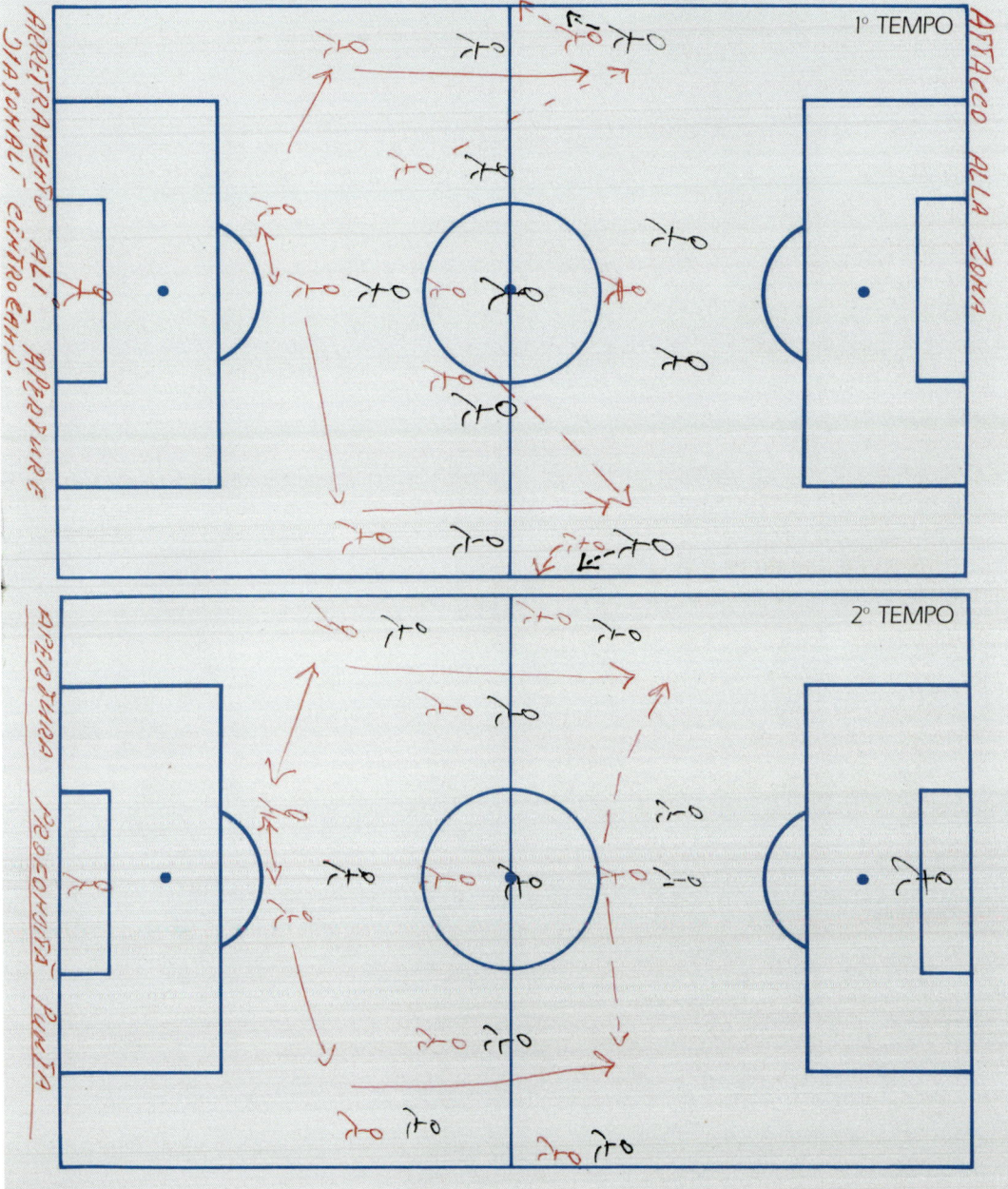

我的无数张战术笔记中的其中一张关于蓝黑军团的。在上方的图中我解释了如何进攻一块联防区域，在下方的图中，我解释了我们的锋线如何进攻。

Trapattoni festeggia con Vialli e Baggio la conquista della Coppa Uefa nel 1993

1992—1993赛季足协杯，我在第二轮尤文执教生涯中赢得了奖杯，全队欢欣鼓舞。

我在佛罗伦萨执教期间观察一次训练。

1998年3月10号。那次著名的记者发布会中，我毫不含糊地批评了我拜仁队内的某些球队员，
首当其冲的当然是令人难忘的托马斯·斯特伦茨······

2004年3月29日，意大利国家足球队新队服在米兰圣西罗体育场正式亮相。从左至右分别是时装设计师尼奥·贝奈特、意大利记者布鲁诺·隆吉、彪马主席兼首席执行官约亨·蔡茨。

2006年4月，我获得了欧足联颁发的表彰我对足球竞技事业的贡献奖，获奖的还有阿里戈·萨基（左）、德扬·萨维切维奇。

被召集参加2004年葡萄牙欧洲足球锦标赛的国家队编制。从左到右，上方：菲奥雷、帕努奇、马特拉齐、内斯塔、维埃里、科拉迪、费拉里、奥多、加图索；中间：赞布罗塔、卡莫拉内西、佩罗塔、运动训练员福斯特·罗西、球队经理吉吉·里瓦、我、意大利足球协会副主席

詹卡洛·阿贝特、代表团团长依诺岑佐·马齐尼，副教练皮艾特罗·戈丁、守门员训练员亚德里亚诺·巴尔丁、法瓦利、扎内蒂；坐着的分别是：皮尔洛、卡萨诺、托蒂、托尔多、布冯、佩鲁齐、德尔·皮耶罗、卡纳瓦罗、迪瓦约。

2005—2006赛季德甲联赛，我指导斯图加特队备战训练。

2008年5月23日，我以新主教练的身份参加爱尔兰队召开的新闻发布会。

"The cat is in the bag"。这是都柏林大球场在大屏幕上为我做的祝贺画面，那是2011年11月15日，我的爱尔兰队费尽心思终于入围了2012欧洲锦标赛。

2012年欧洲杯，爱尔兰不敌克罗地亚，我在场边激动地喊话。

在我的眼前还有许许多多周日，可以在训练的哨声和看台上的呼喊中度过。

序章

* * *

"你再不把这个催眠曲关掉，我就要睡着了。"

说话的是我的朋友布鲁诺，而催眠曲是指贝多芬的第六田园交响曲。

"放《左轮手枪》吧，给大家提提神。你有《左轮手枪》吧？"

"我不喜欢武器。"

"甲壳虫乐队的《左轮手枪》专辑。来吧，别说笑话了。"

"我也不喜欢甲壳虫。"

布鲁诺对甲壳虫乐队忠贞不渝。世界上有很多人跟他一样热爱摇滚乐，而我钟爱的古典音乐会令他们昏昏欲睡。布鲁诺自少年时代起就参加过很多支组合——当年还叫作"乐团"——即使后来成了一名非常出色的体育记者，他的根源始终深植于摇滚和甲壳虫乐队。

我们的晚餐已接近尾声。米拉尼诺①夜间的宁静笼罩着我家。我的妻子宝拉惬意地靠着沙发，布鲁诺和我仍坐在餐桌旁。浅浅的一杯红酒，这是我的。而他只喝水，天然无气泡的纯水。

"你还记得那一回吗……"

布鲁诺总是这样：我们无所不谈，对任何话题都能聊一聊，并且总能猜

---

① Milanino，全称 Cusano Milanino，库萨诺—米拉尼诺，是米兰省域下的一个市镇，特拉帕托尼的故乡。

I

到对方的想法。但是最后，几乎每一次，他总能找到一个好理由来说出他的这句："你还记得那一回吗……"，然后引出某件往事。

"你知道我不喜欢回忆过去。"我说。

真的。我不爱回顾那些已经擦肩而过的时刻，我更愿意将视线投向前方的下一个目标。但是布鲁诺感染力十足，总能成功唤起一些回忆：毕竟他是一个记者，让原本不愿开口的人们说话正是他的工作。

"你记得第一次对我说起'袋子里的猫'吗？"

"不，布鲁诺，我完全不记得。"

"得了吧。那时你已经在积分榜榜首了，但是仍然不肯谈夺冠的话题。于是你说了这么一句话……你还想说服我'猫和袋子挺押韵什么的'……"

"那是我小时候听来的一句民间谚语……"

"我记得我当时就用米兰方言明确地告诉过你我从没听到过这句话。不管怎样，特拉普，职业生涯如果是个袋子，你已经抓了足够多的猫塞进去了。你应该写一本书。"

"怎么又提写书？算了吧，谁会有兴趣看啊？"

宝拉朝我做了个鬼脸，"写吧，我觉得你会喜欢的……"

我对她回以微笑。上一次我们发生争执是在我打算出发去伊斯坦布尔的时候。那是 2013 年 9 月，加拉塔萨雷队几乎说服了我，这支土超球队在 4 天之后就要在都灵面对尤文图斯。我已经被说动了，但是宝拉没有。于是，虽然行李已经齐备，机票已经订好，我还是打电话向加拉塔萨雷表示了歉意，告诉他们我无法接受邀请。宝拉比任何人都了解我，知道我对工作的热爱，也知道回顾所有的胜利能给我带来的愉悦。当然，重温有关胜利的回忆固然是桩快事，但我实在不是个爱谈论自己的人。

"对，就一本书嘛，特拉普。一本记录你生命中每个阶段的书，从米兰开始一直到爱尔兰，还有其间经历过的尤文、国际米兰、拜仁慕尼黑、本菲卡和意大利国家队……"

"行啦行啦，我可没有把做过事情的时间、经过和缘由都记下来的习惯……"

"记忆力如同肌肉，"布鲁诺继续说，"你会关心自己的体型，知道肌肉需要锻炼才能增长。记忆力也是一样，刚开始回忆过去，如同闯进一片绝对的黑暗。渐渐地，脑海里浮现出一个句子、一种气息或者一抹颜色，它们牵出了整段回忆，然后，一段回忆又引出另一段。直到最后，所有的往事几乎都重现了。"

"我对小时候的事情记得很清晰，但回忆三四年前的事反而不确定。"我说。这是真的，40 年代的某些午后，那时的朋友们，他们的名字和脸庞，住在附近的那些家庭……仿佛今日时光般鲜活。

"好极了，就从那里开始讲吧。"

我给自己又添了点儿红酒。

布鲁诺真是善于给我设陷阱，距离说服我只有一步之遥了。但我是一个难缠的中前卫，这次也不会轻易退让的。

目录
CONTENTS

第 1 章　贝尔纳西奥拉的孩子

"Komm hier!①"

这个穿着令人害怕的制服的陌生人想干什么？为什么要对我说着听不懂的话？

"Komm hier，Kind!②"

他坚持不懈地说着。我扭头假装看向另一边，只用眼角余光瞥他，想要弄清他的意图。他做着手势让我过去。妈妈和爸爸一直叫我不要靠近架在我家院子外的二门高射炮，但怎么可能做得到呢？它们有点让人害怕，但又吸引着我。爸爸妈妈也告诫过我不要和德国士兵说话，可是我觉得他们除了有点怪，并不像坏人呀。而且，现在正对我说话的这个，每次看到我都笑得十分灿烂，还总想和我说话。

"Wie heißt du? Ich heiße Rudy!③"他拍了拍自己的胸口。我猜他在说他是鲁迪。

"Wie heißt du?④"

他又指着我说。他是在问我的名字吗？我应该告诉他吗？还是赶快逃走？我还是回答了："我叫加尼⑤。"还对他做了个"4"的手势。每次有人

---

① 德语："来这里！"
② 德语："小孩儿，来这里！"
③ 德语："你叫什么名字？我叫鲁迪！"
④ 德语："你叫什么名字？"
⑤ Gianni，乔瓦尼的昵称。

问我的名字，总是还想知道我几岁了。大人们都差不多，老是爱问同样的问题。

鲁迪蹲到能够与我平视的高度。"Gut，Gianni!①"他把手伸进夹克的内袋，摸索出一样东西。那是什么？我对所有的一切都带着好奇心。家之外的世界是如此之大，一想到农田的那边、小镇的外面还有无穷无尽的一切，我忍不住有点害怕，但又被激起去探索的意愿。而此时此刻，我迫切地想知道微笑的鲁迪会给我什么。于是我伸出了手，一块巧克力落在了我的手心里。啊，我刚才居然想逃走！巧克力，这种我只听别人说起过的东西，以前从没见过呢。巧克力很好吃，所以鲁迪也是好人。

飞机来了，还带着满满一肚子的炸弹。你能从声音听出它们的意图，那是一种低沉的轰鸣。飞机空载时的声音是不同的，几乎如同一群苍蝇的嗡嗡声，轻飘飘地列队掠过。但是今天，当听到它们飞过来的时候，你会立刻明白它们数量众多，而且是为了轰炸而来。我的父亲立刻跑回家，向妈妈叫喊着什么。我正在喝着邻居家的乳牛刚挤的牛奶，哥哥安东尼奥冲过来抱起了我。他没有说话，把我扛在肩头奋力奔跑着，仿佛我没有丝毫重量。这时轰炸开始了。我们很快跑到了田地的中央，妈妈一路都在高声祈祷，尖叫声伴着万福玛丽亚的颂词："哦我的耶稣，机场烧起来了！"

哥哥背着我跑得气喘吁吁，我却觉得很好玩，从来没见过姐姐玛丽亚和爱丽莎贝塔跑得那么快。突然之间妈妈消失了，仿佛被地底的恶魔攫走了，然后轮到了我们。全家人都躲进了地里的一个大洞。除了我之外的所有人都上气不接下气。我看着周围，终于感到了害怕：我在爸爸的脸上看到了恐惧，他一直是个无所畏惧的人呀。轰炸还在继续，我从妈妈、爸爸、玛丽亚、爱丽莎贝塔和安东尼奥的交谈中听到，美国人正在轰炸布莱索的德军机场。我

———
① 德语："很好，加尼！"

和小妹妹安吉拉看着大人们的面孔，想弄明白发生了什么，但我们是家里最小的成员，每当大人们谈论要紧的事情，我们总是被排除在外的。寂静突然笼罩了大地，每个人都低头盯着眼前的某处，仿佛这样就能让时间流逝得更快些。妈妈把我紧紧地搂在怀里。我喜欢这样，我希望永远待在这里，所有人在一个地洞里，所有家人都在一起，5 个孩子和妈妈爸爸一起在玩捉迷藏。

距离我 6 岁生日还有一个月的时候，战争结束了。妈妈和爸爸把我带去米兰与贝尔加莫之间的公路边看美国人。他们开着装甲车，向路边的人群扔着各种东西：烟卷，巧克力……我和小伙伴比赛看谁能收集更多的东西。

对于那段战争年代，我只保留着两个记忆：送我巧克力的德国中尉鲁迪和 1944 年 4 月 30 日的那次轰炸。其余的一切似乎都未发生过：上天保佑这些没有留下战争记忆的孩子。

1945 年，我开始在大区公路另一边的米拉尼诺的艾德拉街上小学。在那里，未经任何人解释，我突然明白了一件事。以往在父母之间谈话的时候，我不懂他们为什么总是自然而然地把我们居住的库萨诺与米拉尼诺区分开。在学校里，这种区别在孩童的眼睛里也变得显而易见。与我和朋友们或者邻居家的孩子相比，米兰尼诺当地学生的衣服精致高雅，皮鞋锃亮，甚至他们的谈吐举止也远比我们优雅从容。有些经历会在孩童时期就在你的身上留下印记，并伴随余生。

我和家人住在库萨诺的一座大农庄里。我们并不拥有整个农庄，只是与其他 11 个家庭聚居在一起。人们叫它"贝尔纳西奥拉"，必须通过一条名叫斯特莱洽的小道才能到达。奶牛棚子搭在院子的深处，人们居住的房子有两层高，底楼是厨房，卧室在楼上。这是一栋集体宿舍式的房子，住户们的卧室一间挨着一间，门外是一条面向院子的公共走廊。每天晚上，所有人结伴上楼，互道晚安之后，一些人往左走，一些人往右，每个家庭都回到自己的房间。我的父母睡在一张双人床上，我们小孩子都睡在屋里的一个小隔间内。我和哥哥安东尼奥的床有一平^①半宽，姐姐们共同分享另一张二平的大床。

爸爸弗朗切斯科在库萨诺的杰利工作，那是一家生产人造丝的工厂。结束了在工厂的八小时后，爸爸并不能马上回家。他会去田里做零工，替附近需要帮工的农民除草或者收割农作物。总共十二三小时的劳作之后，他一天的工作才算结束。

爸爸进家门的时候会吹一声口哨来召唤我。这声口哨宣告了我在院子里玩耍时光的结束，我不用回头也知道是他回家了。这记口哨也意味着规矩，敦促我必须立刻回家吃饭。哨声如同他的商标，我总是想要模仿他。

"爸爸，爸爸，让我也试试吧。"

我学着他的样子把手指放在嘴里，用力吸进空气，但是只能发出一些散碎难听的声音。

我的妈妈罗米尔黛高挑且美丽，她每天在菜园里工作半天，与库萨诺的农民一起种植土豆、胡萝卜和生菜。另外的半天她在家与我们一起度过。周日所有人都不工作，爸爸妈妈会带我们去教堂。我们从没有错过任何一次礼拜。

"祈祷，加尼，祈祷吧。"爸爸对我说。"请求主助你好好学习，拿到中学毕业证书。从库萨诺这个充满工厂的炼狱里逃走，从这片逼迫你挥汗如雨却毫无回馈的田地里逃走。"

好好学习，然后拿到毕业证书。这是爸爸给我制定的计划。但我却暗中祈求天主令我成为球场上的冠军，或者学会演奏长号，能跟着乐队到全世界演出。我总是尽我所能地补贴家用：暑假里我去给家具上蜡，组装熨斗……

---

① 1平为1piazza，意大利语中关于床的宽度的量词，1平约为90厘米。

大家都叫我"小勤杂工"。人们的手头都很紧张，我能满足于一份小小的酬金，有时也乐于接受实物报酬，有一次我抱回了一只小猫。当有邻居宰猪的时候，我们会去把那头可怜畜生的膀胱捡回来。淘洗干净之后，再往里塞满布条，我们的足球就此诞生了。一只这样的足球立刻为我打开了梦想中的世界，当追着猪尿泡在院子里奔跑的时候，我找到了自己在这个世界上的位置。有时我会把一只空易拉罐从家一路踢到学校，到达目的地后，我把它藏在路边的灌木丛里，等到放学的时候再把它找出来踢回家。

我们通过收集球星卡来追随球队。库萨诺的孩子们通常分为米兰球迷、国际米兰球迷和尤文图斯球迷。尤文图斯捧起了 1949—1950 赛季的意甲冠军奖杯，也赢得了我的心：我就此成了尤文球迷。我的偶像是博尼佩尔蒂、普拉斯特和汉森。通过电台广播的帮助，我们才能想象出这些偶像们在遥远的都灵踢球的英姿，去球场看比赛是不可能实现的奢求。

爸爸对足球不感兴趣，他不是球迷，也不会在酒吧里谈论米兰或者国际米兰。如果要说实话，他对足球只感到厌恶。他总是阻止甚至禁止我和哥哥玩球。部分原因是因为踢球太费鞋，而我们每人只有一双可穿。但最主要的原因是对疾病的恐惧。

"出汗，然后你就会染上肺结核。"他总是这么说。肺结核是那时的人们最惧怕的疾病之一。每一次感冒，每一下咳嗽，每一个喷嚏都能招来父母担忧的目光。出汗被视为比抽烟更具危害性的事。

哥哥安东尼奥比我年长 7 岁，他早已放弃踢球了。

"如果他不让你踢球，你在他面前要假装听话，但是你想玩的话就去吧。反正他去上班了，看不到的。"安东尼奥总是这样对我说。

"但是被他发现的话，我就会挨耳光……"

"不用担心，有我呢。"

安东尼奥是我的英雄。安东尼奥是我的一切，我发自内心地爱他，崇拜他。他总是护着我，鼓励我，用各种方式让我知道，他永远是站在我这一边的。

"只要你喜欢，你就去踢球。我总是要去工作的，早就不去想踢球这事了。但是我不希望你跟我一样，我希望你能尽情地玩。你还是个小孩子，谁能禁止小孩子踢球？"

第一次见到皮质的足球还是在库萨诺的圣马蒂诺礼拜堂，那是一只用粗绳缝制的老式足球。每次它飞过来的时候，你要当心不要被绳结的位置砸到头，否则挨那一下子能让你疼好久。在礼拜堂的院子里，我们只踢四对四或者五对五的比赛，再多人就装不下了。我和我家那片住宅区的孩子组成一队，佩皮内尔、丘乌丁，还有守门的斯加莱拉，来看球的女孩子越多，他就越爱做扑救动作。我们来自贝尔纳西奥拉农庄、马赛拉农庄，或者斯特莱洽小路两边的人家，总之是来自东边地区。对手球队由住在库萨诺市政府附近的当地孩子组成。虽然礼拜堂门前的空地不到 30 米长，但是感觉却有无穷大，从一扇球门跑到另一扇球门是一段漫长的路途。每场比赛都持续数小时，因为我们总得停下比赛去捡球。塞维索河就在一座球门的后方。

"是你踢的，你去捡。"

"我刚去捡过一次！"

"那次也是你踢出去的呀。"

"我不得不踢呀。我如果不踢，也没有其他人去踢的！"

"你以为你是汉森吗！赶紧去捡啦，难道你想走到尼瓜尔达 ① 去吗？"

当足球飞过墙头掉进河里，时间就是个关键问题。如果我们长时间决定不了谁去捡球，皮球就可能向米兰方向漂出很远。如果发生了那种情况，捡球的麻烦几乎翻倍：我们必须拽着绳子爬上墙，穿过一扇小窗跳到塞维索的

———————————

① 尼瓜尔达是米兰城内的一个地区。

河岸上（塞维索的水非常脏，不过幸好水很浅，只没到孩子的腰部），还要沿着斯特莱洽小路走 2 公里，希望能在那段河道里看到皮球的影子。

这片泥土场地上的比赛总是无休止，礼拜堂透出的光亮对我们来说如同福佑。我们能踢到午夜，有时甚至更晚。教士们一关灯，我们就立刻四散跑回家了。每次到家时都如同落汤鸡，礼拜堂没有更衣室，更别说洗澡了。

有一天我踢完比赛湿淋淋地跑回家，那天皮球掉进塞维索河整整四次（其中两次是我的错）。我看到妈妈正在哭泣，大姐玛丽亚试图安慰她。我跑过去想弄明白发生了什么，却被大人做手势轰开了。玛丽亚的眼中也含着泪花。我没问什么，跑到院子里独自玩了会儿。大人们的世界总是很难理解，不过无所谓啦。直到晚归的爸爸出现，我才明白原因。他用惯有的直截了当的语调对我说，玛丽亚已经蒙主恩召。蒙主恩召？我一时间头晕目眩：不是有人死了才这么说吗？但是我刚才看到的玛丽亚还是很健康的呀。所以爸爸说的一定是别的意思吧。我脸上带着大大的问号茫然地看着他，于是爸爸解释说：玛丽亚进修道院了。

这是多美好的消息啊，为什么她们都在哭呢？爸爸试图给我一个微笑，但只勉强地牵了牵嘴角。为什么呢？我真心觉得，有一个当修女的姐姐是你能期待的最好的事了，就像我的一些朋友也有当教士的叔叔。那些在教堂度过的周日上午终于得到回报了。我沉浸在孩子气的喜悦中，丝毫没有意识到随之而来的令人迷惑的变化：如同我另一个妈妈一样的姐姐玛丽亚不存在了，取代她位置的是一个新的玛丽亚，而这个新的玛丽亚却又换上了妈妈的名字，成了玛丽亚·罗米尔黛①。

"你的手怎么了？"妈妈满脸担忧地问。

———————————

① 根据传统，在进入修道院之后，修女需在本名之前加上玛丽亚。因为大姐的原名就叫作玛丽亚，所以取用了母亲的名字，成了玛丽亚·罗米尔黛修女。

"印度人用鞭子打的。"

"印度人？"

"那个去过印度的教授。"

"为什么打你？"

"没有理由，他就打我了。"

"我不相信。"

"嗯……我就对同桌笑了笑……"

"你看这对你有好处吗？"

"我再也不想上学了！"

"不上学？那你愿意跟爸爸去工厂里干苦力活？"

"愿意！"

"你要是也像爸爸那样被管子烫在脸上呢？"

"那也比印度人好。"

"你倒是挺能回嘴的……"

　　战争已经渐渐变成回忆，越来越多的孩子选择在小学结束后留在艾德拉街继续接受三年的职业教育。上学的第一天，我们认识了一位有些特别的教授，他是个从印度退役回国的骑兵士官，一个令我们望而生畏的人。我们习惯于小学里和蔼可亲的老师们，而这位老师让我们意识到，一个新的人生阶段开始了。每当他讲述印度往事的时候，全班都出神地瞪大了眼睛，从他的故事里仿佛看到了老虎，大象，戴头巾的男人，海盗王子桑德坎和他的挚友亚涅斯①，更有无数美丽的女人们。但是，除了这些回忆，这位教授还从印度带回了一根皮鞭。既然手边就有条皮鞭，为什么不用它来维持课堂秩序

---

　　① 桑德坎和亚涅斯是19世纪意大利作者艾米里奥·萨尔加里的系列冒险小说中的人物。

呢？不需要什么理由，只要一星半点触怒他的举动就足够了。一小声嬉笑，与同桌的一句嘟囔，或者片刻的走神。

"把手伸出来"是他的口头禅。嗖！最初我是如此的傻，呆呆地伸着手不敢动弹。但之后我变得大胆，敢于在最后一刻把手迅速抽回来。可是他也学会了假动作，作势要打，等我把手往回缩，鞭子已经在正确的地方等着我了。嗖！还伴随着一个满意的笑容。在印度的什么经历将他变得如此残忍？或者仅是他的军人秉性使然？我和同学们只能默默地忍受着鞭打，每人都有双肿痛的手，向校长抗议总是毫无作用。

学校占据了我献给足球的时间，但为了让爸爸高兴，我还是必须念书。在家里我不能公开谈论足球，但在同龄人之中，我是最出色的。已经到了为我找一支正规球队的时候了，我必须参加正规的训练，去踢十一人制的比赛，也应该有教练指导以及其他的一切。我找妈妈谈了这件事，但她让我保持沉默，忘记这个话题吧。

"如果你就是不愿意念书，也可以。这三年结束之后，你去这里的工厂找个工作。但是别再讲什么踢球能当生计的傻话了。如果被你爸爸听见了，你也看到安东尼奥发生了什么……"

怀着对足球的怒意，爸爸把安东尼奥的那只箱子砸碎了。那是哥哥用来珍藏他的球鞋、球衣和球裤的行李箱。我愿意做任何令爸爸高兴的事，但不包括永远放弃足球。我将完成学业，接受一份在里波尔蒂造纸厂工作半天的职位，但同时也接受了弗拉萨蒂俱乐部的追求，我将去和他们一起训练。只要我安排得当，我就一定能做到。

第 2 章　罗科和他的孩子们

弗拉萨蒂是米兰的一个体育俱乐部，位于距离库萨诺不远的尼瓜尔达地区。结束每天在布雷索的工作后，我立刻跳上自行车去训练场。我拥有了浅蓝色的 4 号球衣。这里的比赛和训练都是动真格的。一个木匠和我结下了友谊。他长着一张阴沉的恶人面孔，头发黑得泛蓝光。他跟我同龄，球技也几乎跟我相当。他叫作桑德罗，桑德罗·萨尔瓦多雷。正是他在我脑海中点亮了一盏灯：要在训练里尽一切可能展现自己，要努力，要尽全力比赛，要在尽可能短的时间里设法进入米兰或者国际米兰的青年队。"我和你一定能做到的。"在看到我对中场敏锐而精确的掌控能力之后，他这样对我说。

造纸厂的工作占据了我所有的下午，我骑行五公里去上班，然后再骑五公里回家。工作的时候，我能感到的只有对时间的惋惜，这些从足球上剥夺的时间，这些本该用在训练上的时间。

在爸爸不赞同的注视中，我努力安排好这种双重生活。他知道我在参加训练，也知道我接受里波尔蒂的工作只是无奈之举。如果把造纸厂的全日制工作和彻底投身足球的选项放在面前，他知道我会毫不犹豫地选择足球。他并不能够忍受这些，但也无法因此责备我，毕竟我去上学并工作着，没有违背任何对他的承诺。这算是某种妥协吧，我和他之间达成的临时停火协议。哥哥安东尼奥始终鼓励着我，他和桑德罗的看法一致，确信我完全有实力为大球队效力。但在踏入大球队之前，我暂时只能满足于效力一支当地球队。凭借马里奥、安东尼奥和弗朗切斯科·克里帕三兄弟在经费和管理上的投入，库萨诺—米拉尼诺诞生了一支新球队。克里帕三兄弟立刻开始招兵买马。

"你是库萨诺人，为什么不到家乡球队来踢球呢？"他们问我。

于是浪子归家，我与桑德罗告别，回到了库萨诺。但是我和他定下了一个数月之约："我和你一定能做到的。"

库萨诺队参加意大利体育中心组织的青少年联赛。凭着一副铁肺，我很快就成了球队的重要一员。另一个相当不错的球员叫吉尔贝托·诺莱蒂，他是库萨诺当地人，比我小几岁。在这里，我们能呼吸到真正的赛场上的空气，更重要的是，米兰和国米会定期派球探来观察我们。不久之后，俱乐部组织了一场友谊赛，参赛双方是库萨诺队青年队和年龄相仿的米兰梯队。我选择了足球，但判断我是否能驾驭这条通向未来的道路，这场比赛至关重要。如果我被选中，就有资格去米兰参加下一轮的测试赛。

"特拉帕托尼和诺莱蒂，来医疗室。"

我看了看吉尔贝托，用眼神表达了我的疑惑。他的脸上也挂着和我一样的表情。我们怀着希望，小心翼翼地交谈了几句："他们选中我们了吗？"对阵米兰青年队的第二场比赛刚刚在罗高雷多的雷达艾利球场结束。来自几支省①队的孩子们临时组成在一起，其中就有我的朋友桑德罗·萨尔瓦多雷。他想摆脱木匠工作的意愿跟我对造纸厂的厌恶一样强烈。如果只按照意愿的强度来选拔球员，我们恐怕早就在米兰首发了。

今天带领我们来米兰城的库萨诺经理正在激动地与马里奥·马拉戴斯塔交谈。马拉戴斯塔是位上了年纪的老先生，典型的罗马人。在法西斯时代，他在意乙踢球，获得了所有人的尊重。现在他是米兰青训的负责人。他将决定这些米兰省孩子们的未来：如果你打动了他，米兰队就是你的了。

――――――――――

① 意大利的行政区划分为大区、省、镇等等，"省"（provincia）与我国行政区划中的"县"相当。库萨诺—米拉尼诺属于米兰省。

他们什么都没说，只让我们去医疗室。一位俱乐部的医师对诺莱蒂和我先后进行了各种测试，在笔记本上写下了不少数据。我们重新穿上衣服后，被邀请进入走廊尽头的办公室，马拉戴斯塔和库萨诺队的经理用笑容迎接了我们。

"孩子们，从今天起你们就是米兰的人了！"库萨诺人兴奋地宣布。马拉戴斯塔则表情严肃地接着说："如果你们继续像今天这样踢球，也许只要几年，你们就能进入米兰一线队。我们正在重建，从基础开始。我们决定将希望寄托在你们这样的年轻人身上，你们将是构建米兰未来的第一批人才。"

17 岁的我已经学会不外露情绪，不论是痛苦还是喜悦。我矜持地微笑了一下，握住了马拉戴斯塔的手："我很高兴，但是在家里有一个人，他对这件事一定高兴不起来。谁能去跟我父亲谈一谈？"

马拉戴斯塔立刻明白了情况。他了解我们这些乡下孩子，知道我们被家庭责任捆住了手脚。家人期待我们找到一份稳定的工作，而不是将全部身心献给一个体育项目。

"我很愿意去拜访你的父亲。在这里你们能学到很多东西，绝不仅仅是足球。我们也不会让你们荒废学业。来到米兰如同进入一所大学，这所大学除了足球，还教授人生。"

我对全家人宣布了这件事。爸爸满脸的不甘，妈妈对我充满期望地微笑着。安东尼奥则欣喜若狂，仿佛是他得到了米兰队的征召。"如果造纸厂找你麻烦，跟他们说，我在这边厂里干完，会去那里顶上你的活儿。"他安慰我说。

我和父亲达成共识的基准点之一是：不论去不去米兰队，造纸厂的工作不能放弃，我必须每天去上几个小时的班。其实我的内心已经知道，这样一只脚踏在球场另一只脚踏在工厂的双重生活已经快要结束了。我很快就能带回一笔球员的工资，这笔钱能令我彻底挥别里波尔蒂，也能直视爸爸的眼睛而不是低下视线。我确定他最终也会因此高兴的：是他作为榜样，一直教导我在面对困境和不确定时不要放弃。为了到达米兰，我遭遇了无数困难；面对种种不确定，我靠着机敏的战术层层突破。我从没有公开反抗那些荒谬父权，也没有用蛮力去撕开束缚着我的家庭纽带。我等待着正确的时机，我始终坚持着自己的梦想，但我从未推脱应对父母尽到的责任。甚至是今天，妈妈在祝贺我之后，问我是否真的要选择走这条充满了不确定性的道路，我第一百次向她真诚地保证：如果事情进展得不顺利，我会毫不犹豫地回来，然后去工厂全天上班。

到此为止了，尤文图斯。到此为止了，尤文球迷。我是米兰人了。米兰队！我为尤文图斯发出的喝彩立刻尘封为往事。抱着收音机和报纸追随尤文图斯，崇拜着冠军球员们，对着比分庆祝或者咒骂……这是一回事，但从周二到周五在米兰训练，身穿红黑球衣在周日上场比赛，那是另一回事。

在造纸厂的时间逐渐变短，安东尼奥为我顶下了大部分工作。但我必须尽快从那个世界彻底抽身，踏入另一个由汗水和辛劳，还有"文化"构成的世界。俱乐部出资聘请了一位教授，他负责带领青年队中最出色的孩子去认识米兰城以及它的艺术成就。我们都是外乡孩子，很多人来自威内托大区 ①。布雷拉 ②、主教堂、《最后的晚餐》、美术馆……我们对这些都一无所知。我一直对中断学业感到一丝遗憾，为了增加一点外出旅行的可能性，我曾在学校里学习了法语。但现在我将因为足球而旅行，这个念头不再是空想。我刚到米兰的时候，俱乐部就为我准备了旅行证件。我和大家立刻出发去斯特拉斯堡参加某个巡回赛。如果继续下去，我也许能走遍整个欧洲，甚

---

① 威内托大区，也译为威尼托，毗邻米兰所在的伦巴迪大区，水城威尼斯是威内托的首府。
② Brera，布雷拉，位于米兰城中心的繁华街区。

至去美国呢，谁知道呢。

每晚结束训练后，我立刻坐火车返回库萨诺。我与父亲的见面总是匆忙而短暂。简单地交谈几句，眼神找寻彼此但又避免相遇。我知道他去瓦雷多看过我的比赛，但他并不知晓我知道这事。但是我相信他能感受到我知道这件事……但总而言之，我们不会谈论它。这是我们父子间的事。也许我应该直接对他说："爸爸，就算你不喜欢足球，也来看几场我的比赛吧……你得看看我多能跑！"或者还是等到我在一线队首秀时再说。那时他不会再对我的职业选择有任何疑惑了。

你要靠拼命训练才能赢得一线队的青睐，而且还要抵挡住大都市对新来客的诱惑。我接受的天主教教育在这时起到了作用。有些队友总想挣脱俱乐部的管控，只为溜去市中心的高档酒吧，找位美丽女孩共饮。我从不属于他们。训练一结束，我就拎起背包，坐上我刚买下的二手蓝色 500①，立刻驶向库萨诺。通常车上还搭载了萨尔瓦多雷和诺莱蒂，他俩还没能买车。

能让我与父亲真正缔结和平条约的机会终于来到了。1958 年的 6 月末，我被一线队征召参加对阵科莫的意大利杯比赛。

当时恰巧有各种风声，时任帕多瓦队主教练的内里奥·罗科将带领国家队参加 1960 年的罗马奥运会。他正是奥运会后预定执教米兰队的新教练。还有传言说，米兰队的技术总监吉波·维亚尼会去协助罗科带领奥林匹克队。奥运足球选手必须不足 21 岁，所以，如果我始终这么努力，也许还能参加奥运会这样美妙的盛事。

---

① "500"是意大利菲亚特汽车集团在 20 世纪 50—70 年代出品的著名车型。车型小巧轻便，价格便宜，适合城市窄巷。

　　所有的思绪交叠在一起，事情的结果就是：虽然比赛日已经到了，而我还什么都没对父亲说。我们 4：1 赢下了比赛，加里连进三球。第二天的报纸上长篇累牍的报道把我这个新人的名字都拼错了。爸爸从库萨诺的朋友那里才得知了我的一队首秀。所有人都在谈论：弗朗切斯科的儿子，特拉帕托尼家的那个，进了米兰的一队呢……他在厨房等着我，只说了一句话："你应该告诉我的，这次。我没有看你比赛的运气。"这句话的三天之后，一场突发的心脏病带走了他。那天是周四，我结束训练到家，看到母亲正在绝望地痛哭。邻居们安慰我说，至少父亲的死并不痛苦。那是干脆利落的一击。

　　他为什么会说那句话？他是怎么知道的？我无法停止想这件事。我相信他也许已经感到了一些症状，但如同那一代人所做的一样，他当作什么都没发生。从不抱怨，从不听取身体发出的警报信号。直起腰，向前走，像什么都没发生一样地工作。

　　我回米兰找到了马拉戴斯塔，我告诉他我不能继续踢球了。父亲的死让我不得不回归库萨诺。

　　"我的姐姐玛丽亚在修道院，另两个已经结婚。只有我和安东尼奥了，但是安东尼奥也已经成家。我的妈妈孤身一个人，还有谁能照顾她？"马拉戴斯塔并没有被动地接受我的决定，他立刻跳上车去见我的妈妈和哥哥。"加尼很出色，他不能就这样放弃。我们会付给他一份足够养家的薪水。他不见得能成为迪斯蒂法诺那样的巨星，但一定会有一段长久并令人满意的职业生涯。"

　　1959 年 2 月 10 日，我们赢下了维亚雷焦巡回赛。2：1 反超贝尔格莱德游击队的比赛中，"洽皮纳"费拉里奥连进两球，他还不到 17 岁，是个罚球区内的天才掠夺者。这正是他的外号"洽皮纳"的来历：乌戈·洽皮纳①，蓝衣盗团的天才大脑。

我们是 11 个劲头十足的年轻人，所有人的目光都瞄准着一线队和奥运会。杜卡迪、诺莱蒂、特雷比、佩拉加里、萨尔瓦多雷、特拉帕托尼、巴莱斯特拉、塞雷涅、巴尔扎吉、费拉里奥、戴斯塔。

我还没有从父亲离世的打击中恢复，又得知我们的前体能教练、美国人艾利奥特·冯·赞特没能撑到回国接受肾脏移植。艾利奥特是个 40 多岁的黑人，190 厘米的大个子，来自一个篮球和棒球盛行的世界。他可能是当年米兰城里唯一的黑人，走在路上会有行人扭头看他，也因为他魁梧壮硕的身材相当引人瞩目。在训练场上，他总能把我们累到发疯，用各种练习把我们锤倒在地。当我们像活死人一样爬起来的时候，都只想立刻回家躺下睡觉。我们所有人向他扔出过多少玩笑般的咒骂啊！在查出患病之后，他不得不立刻停止了工作。在艾利奥特的指导下，我练出了一身与刚入队时截然不同的肌肉，也多亏有了他，我才能做好在一线队出场的准备。

1960 年 1 月，我们在费拉拉 3：0 战胜了斯帕尔队。阿尔塔菲尼梅开二度，老利德霍尔姆再罚进了个点球。我负责在右后卫的位置上盯防一个相当厉害的阿根廷人，曾在国米队效力过的奥斯卡·马赛伊，他现在是斯帕尔队的旗帜。

一切都很顺利。

我再次被一线队征召，对手仍然是斯帕尔，我们的主场比赛。那是 1960 年 5 月，奥运会开幕在即，报纸上都在谈论我、诺莱蒂和萨尔瓦多雷。

_____

① Ugo Ciappina，乌戈·洽皮纳是在意大利活跃多年的著名大盗，曾与同伙成功洗劫多家银行。

我们三个总是被一起叫作"准奥运选手"。诺莱蒂 19 岁，萨尔瓦多雷 20 岁，我刚满 21 岁。我们相识于少年时代，我们实现了当年立下的誓愿。

我们到达了这里，罗马正等待着我们。

我们被允许在格罗塔费拉塔的罗马城堡之间自由活动。夏天已接近尾声，但这里仍旧如同赤道一样炎热。我们这些年轻人被安置在远离罗马奥运村的地方。我们只在奥运村住了两天，人人都明白在那里发生了一些事情，一些男运动员与女运动员之间的事情……我们现在单独扎营在格罗塔费拉塔，这里没有暗中出没的俄罗斯女排球员，只有用靴子形状的酒杯盛酒的小酒馆。布尔加雷利和马基斯特雷利是我的固定搭档，我们决定去光顾弗拉斯凯塔先生的每一处产业。他一定是位有钱的财主，这片地区所有的小餐馆都挂着他的名字"弗拉斯凯塔"。

在我遇到的第四家弗拉斯凯塔餐馆里，这几天中的第无数次，我看到一个女孩坐在小桌旁一边看小说一边做笔记。我立刻脸红了，而布尔加雷利立刻用他的博洛尼亚口音向我发起了攻击："加尼，又是她哦。你昨天看到她，前天也看到……她是餐馆老板家的侄女……"

我装作失忆："你确定？我可不记得她。"

布尔加雷利用胳膊肘捅了我一下："如果你愿意，我可以去传话给她，说有个金发小子爱上她啦。不过问题是呢，她一旦看到我，就一定无法抵挡我的魅力，立刻爱上我了。所以最好还是你自己上吧。"

"可是我跟她说什么呢，而且我不久就要回米兰的，还能再见到她吗？"马基斯特雷利向我坏笑着眨眼："这不是更妙吗？"但我并不这么想。我喜欢这个女孩，我想认识她，了解她。但是她似乎年纪很小，我不确定……好吧，我喝干了靴子杯里的酒，向她走过去。

"打扰了，我可以问你一个问题吗？我是加尼。我在意大利国家队踢球。

那边两个傻瓜是贾科莫和路齐亚诺，不用搭理他们。我能知道你的名字吗？还有，如果不唐突的话，我只是好奇……你是弗拉斯凯塔家族的吗？"

女孩绽出一个微笑："我叫宝拉。并不存在什么弗拉斯凯塔家族呀。"

"你的意思是？这些餐馆难道不都是弗拉斯凯塔家族的吗？"

"弗拉斯凯塔的意思就是小餐馆，这是方言中的说法。店招上是特意写了两种语言……"她说着又笑了起来。

她不仅美丽、幽默，而且令人愉悦。她成了另一个促使我尽量延长奥运会之旅的动力。我们在罗马与英格兰人2∶2战平后，紧接着在佛罗伦萨碾碎了巴西队。现在我们已经为与南斯拉夫队的半决赛做好了准备。他们的头号射手是加里齐，我们的进球都由尤文图斯的左边锋罗萨诺包办，他对英格兰梅开二度，对巴西又收获了一个进球。但是真正的明星一定是加尼·里维拉，这个来自皮埃蒙特大区亚历山德里亚的年轻人，已经展露出成为世界第一的实力。我并没有夸大其词。他年仅17岁，而米兰已经紧紧盯住了他。明年他就会成为我的队友，那将是笔非常轰动的交易。

我们与南斯拉夫队在拿波里踢了一场精彩的比赛，但是比分始终固定在0∶0。补时开始之后，加里齐和弗留利人图姆布鲁斯先后在2分钟内进球。全场比赛在补时结束后仍以1∶1的平分结束。命运只能交给硬币去决定了：头像或是十字。抛硬币的结果是南斯拉夫队晋级了。奥运精神要求我们必须对坏运气和不公平保持微笑。随即我们在三四名决赛中又输给了匈牙利队。也许为了夺取铜牌应该更加卖力，但是在拿波里的加时赛和那枚厄运硬币的双重打击下，我们已经疲累到了极点。

无论如何，我还是很满意的：我们经历了一次精彩的奥运会，从人类和体育的角度都获得了非凡的经历。我带着对自我能力的肯定以及一个电话号码回到了米兰，那是宝拉的号码。

　　1960 年 11 月我得到了成年国家队的首次征召，将在拿波里参加与奥地利队的友谊赛，恰是奥运半决赛对阵南斯拉夫的同一个球场。负责挑选球员的是一位令人敬畏的先生：1934 年和 1938 年两夺世界杯的功勋球员乔瓦尼·费拉里。他决定为国家队注入一阵清新气息，依靠我这样的年轻球员。我们 1：2 输掉了比赛，但国家队出场总是令人雀跃的。这场友谊赛是我第一次身披天蓝色球衣，也是伟大的詹皮耶罗·博尼佩尔蒂的告别赛。几个月后，我们在罗马的友谊赛中 2：3 输给了英格兰队。那是我第一次见到那位名叫吉米·格雷夫斯的杂技演员。比赛前一天我与宝拉有一场约会，她是在姐姐的陪伴下赴约的，唉……不过鉴于她只有 17 岁，我们能被允许见面已经非常幸运了。我们在罗马街头漫步聊天，不知走过了多少路。我们不停地交谈，迫切地想要了解对方的一切。这次散步是如此之长，我的脚上都磨出了水泡。虽然疼得要命，但我在宝拉以及国家队队医面前都装作若无其事。

　　1961 年底，我等到了第一次随国家队前往客场的机会。怀着无比激动的心情，我将在以色列特拉维夫迎来首次正式比赛的出场。这场比赛至关重要，我们期待晋级次年在智利举行的世界杯决赛阶段。

　　"特拉维夫！妈妈！你能想得到吗，我要去耶路撒冷和圣地了！"

　　妈妈幸福地微笑着，对她来说，我作为球员所获得的成功是最重要的。这是她的生命中得到好结果的赌博之一。

　　费拉里先生选择了一支年轻的球队，出场球员的平均年龄刚超过 25 岁，但早已星光熠熠。从入籍意大利的阿尔塔菲尼和西沃里到米兰的马尔蒂尼、尤文图斯的莫拉、守门员布冯。还有一个来自国米队的现象级球员，我认为他比其他所有人加在一起都要强：马里奥·科尔索，一个拥有魔力双脚的内向的年轻人。正是依靠他，我们才能以 4：2 反超赢下一场开局糟糕的比赛。在第八十七分钟，科尔索踢出一脚他著名的"落叶球"式定位球，随后又带球突破了以色列队的整条防线，为意大利锁定胜局。

米兰几乎立刻成了我的家，我的另一个家。这里挤满了怪人，但都是非常强大的怪人。我觉得技术总监吉波·维亚尼无所不能，是能够应对任何情况的约翰·韦恩①。他走路的样子像个牛仔，俱乐部的事情都由他拍板。正因为球队背后始终有他，一个慷慨和敏锐的混合体，所以主教练来来去去，而俱乐部的本色始终能保持如一。维亚尼只有一种嗜好：开罚单。他带着施虐狂式的快感派发罚单。我从没挨过罚，除了一次，他对我破口大骂，并且勒令我立刻中断休假回球队。当时我正在海边的卡多利卡镇，那里是米兰俱乐部为年轻球员提供膳宿的夏季度假地。我擅自参加了一场夜间巡回赛。

"你疯了吗？"得知此事的吉波先是通过电话，然后面对面对我吼道。"万一你被踢伤了呢？或者更糟，他们踢断你一条腿呢？"

我整个人涨得通红。维亚尼威胁要取消我余下的所有假期（夏休才刚开始），并气冲冲地离开房间，消失了几分钟。当他重新出现的时候，谢天谢地，我被允许回去继续度假。

不久之后，罗科来到了米兰。我们都知道，维亚尼早晚会把他找来的。这对搭档曾在罗马奥运会上大放异彩，奥运代表队差不多在米兰重聚了：维亚尼、罗科、萨尔瓦多雷、我、诺莱蒂（但是很快转会去了拉齐奥队），然后还有他，天选之子，震惊了所有人的加尼·里维拉。他在米兰这样的大俱乐部适应良好。曾有人觉得他太脆弱，远不足以成为一名一流球员，这错得多么离谱啊。意大利足球世界中的球迷和记者都是这样，他们讲得出无数理由，会有各种预测，还有说不完的抱怨，但就是对现实疏于观察。里维拉的身体条件也许并不像个典型的球员，但他在球场上的表现足以说明一切。他也许会从比赛中消失一会儿，但当你把球传到他的脚下，你就知道这次传球

---

① John Wayne，约翰·韦恩是美国老牌影星，以饰演硬汉角色而闻名。

绝不会被浪费。

我的另一个家里充满了各种个性人物。从主教练罗科到巴西人杰尔玛诺，从按摩师特雷索尔蒂到性格迥异的利德霍尔姆和阿尔塔菲尼。还有吉米·格雷夫斯，我们怎么能忘了不久前刚在国家队比赛中遇到的这位杂技演员呢？他来到米兰开拓新世界，他的进球逼疯了多少后卫？那年10月，他使我们在没有阿尔塔菲尼和萨尔瓦多雷的情况下3：1赢了米兰城德比。然后，如同他的突然到来，他很快又离开了：被送回了热刺队。他实在是无法被管理，如同所有的英国人，他爱喝酒，更爱像野性未驯的猫一样突然消失。一旦感受到爱的召唤，你就再也找不到他了。罗科每次都恨不能亲手掐死他。他用尖锐的的里雅斯特①的口音喊叫着格雷夫斯的名字，把我们派去搜索整个米兰内洛。但是没有半点踪迹，始终找不到他。封闭训练对英国人来说是个无法接受的要求。在当时的英格兰，球员受到的压力很轻。足球是挺重要的，但要带着娱乐精神去参与，别那么紧张兮兮的。于是，当英国人来到意大利的时候，他们难以适应，也不愿意遵守我们的规则。格雷夫斯也不例外。

杰尔玛诺？那位巴西过客。他和格雷夫斯一样，但格雷夫斯好歹还留下了一串进球，杰尔玛诺则颗粒无收。我们只记得他的慢得要命的速度。他并不像那些无德的记者所描写的那般弱不禁风，也根本不算胖，稍微有点重而已。但他与一位上流社会的名媛——女伯爵乔瓦娜·奥古斯塔之间的情感纠葛却闹出了很大的动静。我们从报纸上才得知了这件逸闻，杰尔玛诺从没向我们提过半个字。他天天参加训练，但谁都能察觉到他的魂不守舍。他和女伯爵真心相爱，但她的父亲怒不可遏地否决了他们的婚约。可怜的杰尔玛诺

---

① Trieste，的里雅斯特是弗留利大区的首府，位于意大利东北部，罗科是的里雅斯特人。

在这场风波中彻底输了，仅仅留下两场比赛，随后就从米兰的历史中消失了。

而我不得不成为家中最可靠的一员！我没有刻意做什么分外的事去赢得这份名声，只是简简单单地从不逃避训练，也没有与哪位女伯爵谈恋爱，更没有像阿尔塔菲尼那样24小时不间断地开玩笑。他能在比赛失利的时候逗笑大家，让我们打起精神。而我只是接受自己的失败，假设自己是教练，去思考和审视所有人犯下的错误。而阿尔塔菲尼总是在那里酝酿新的玩笑。衣柜恶作剧是他的经典节目。某天罗科来到更衣室，发现衣柜的橱门半开着。他刚打开橱门，全裸的何塞如同着魔般尖叫着跳出来。罗科被吓得不轻："该死的猴子！我差点犯心脏病！"

训练结束后我立刻离开第二个家，回到库萨诺的宁静中。我呼吸着空气中肥料和青草的气味，踩着斯特莱洽小道的泥泞，给妈妈送上一个吻，再给宝拉拨一通电话。库萨诺不变的常态安抚着我，令我始终脚踏实地。要把这一切抛在身后是很容易的。忘记这个农庄，离开这片土地以及土地上的人们，在米兰城里找个住处，拥抱另一个家的美好和疯狂，出去夜游，躲开俱乐部的监视，彻夜狂欢，结识女孩们。享受这一切吧，为什么不去及时享受这份稍纵即逝的青春呢。

这个世界正在变化，我看到了米兰的年轻人的皮肤下涌动的渴望，一种由生命能量构成的渴望，充沛而鲜活。但那也是一种试图推翻传统的急迫感，想为无忧无虑的生活腾出空间。许多人家中的父亲和我的一样，严厉，不善言辞，总是忧心忡忡。年轻一代轻松地接纳了一切变化，而他们的父母在生活的重压下可能一生都不曾有过笑容。

我明白这是正确的，战争早已远去，我们必须抓住迎面而来的美好。但我仍无法放松自己。父亲的死伴随着我职业生涯的开启，这是我始终背负着的印迹。我无法不把这两件事联系在一起，虽然我明白两者之间不存在因果关系。但是，如果仔细观察，其间的关联是存在的。科学家并不能解释这个关联，也许需要一位精神分析师才行。时至今日，每当我训练完毕或者结束周日的比赛，划过脑海的第一个念头仍然是：我不能生病，否则爸爸会生气的。那只是一个极短的瞬间，如同在合上开关时就熔断的灯泡。在内心深处，我为我选择的工作而内疚。在那里，有个声音永远重复着："我害怕让爸爸生气，但爸爸就是因为对我失望才会死的。"

1961—1962赛季是我第一个获得稳定首发的赛季。马拉戴斯塔和维亚尼的计划正在成形：米兰是一支成熟球员和年轻球员兼备且平衡的球队。新手中有我，桑德罗·萨尔瓦多雷，乔瓦尼·洛戴蒂，马里奥·特雷比，加尼·里维拉和从都灵队回归的詹卡洛·达诺瓦。我们可以把还很年轻的吉吉·拉蒂切算作经验丰富的成熟球员，还有更年轻的何塞·阿尔塔菲尼和切萨雷·马尔蒂尼，以及即将退役的吉贾。最后还有伟大的蒂诺·萨尼，他刚到的时候，我们对他一无所知。

"萨尼，萨尼……没听到过……巴西人，他究竟是谁？"我们在更衣室里互相询问。后来我们才发现，原来他就是1958年世界杯上无人不知的"蒂诺"。"蒂诺"家喻户晓，"萨尼"则默默无闻。他在阿根廷的博卡青年队踢球，但是并不顺利，球队嫌弃他老迈。他明明只有29岁，但出现在米兰马尔彭萨机场的时候，戴着一顶宽檐帽，留着两撇胡子，走起路来老态龙钟。然后他摘下了帽子，人们发现他一根头发都没有……我们真的认为米兰疯了。想想我们的利德霍尔姆，老"利达斯"仍然轻快得像个小孩子。

"这就是他，没错。"看到蒂诺进场的时，罗科说。然后他扭头对全队说："认真看好了，为什么他是巴西的中场核心……"

在训练中，蒂诺展示出的状态十分出色。他不但体格健壮，还对踢球显示出充沛的欲望。他立刻得到了首秀的机会。在11月的冷雨和刺骨的寒风中，我们对尤文图斯获得了一场 5：1 的大胜，阿尔塔菲尼连入 4 球，里维拉也有 1 球入账。而蒂诺·萨尼是当天绝对的主角。

那一年的联赛很奇怪，国米和佛罗伦萨始终保持着最好的状态。下半赛季的第十一轮是我们与佛罗伦萨的正面对决。上半赛季我们输了个 2：5，但这次，我们依靠里维拉的进球和阿尔塔菲尼和巴里森的双双梅开二度，回敬了一场 5：2 的复仇。二回合扯平了，但从这场胜利出发，我们开始了在积分榜上的攀升，直到最终夺下了冠军。我的第一个意甲联赛冠军！

这一赛季我踢了相当多的比赛，总共有 32 场。最后一轮我们在费拉拉面对斯帕尔队，我又遇到了意甲比赛首秀时的对手，阿根廷人马赛伊。在一次防守动作中，我感到脚踝传来一阵恼人的疼痛。我带着剧痛和恐惧走下了场。智利世界杯即将开始了，国家队的 6 号球衣已经为我准备好，我可不愿意让这个意外破坏了即将到来的节日。

罗科教练和他的助手贝尔加马斯克创造了一个非凡的团队。我们学着欣赏罗科，包括他的暴脾气和非同寻常的人格魅力。他叫我"裘安尼①"，总是说我像个天生的小老头。他喜欢喝上几杯葡萄酒，与他传授给我们的力量相比，这只是一个无伤大雅的小弱点。有一天，他在午餐时喝得有点失控，于是让马尔蒂尼带领全队先去跑几圈。

"我会告诉你什么时候停下的！"他朝我们吼完这句话，就去坐倒在场边的一棵树下，歪戴着帽子。10 分钟过去了，20 分钟，30 分钟……在不停地跑了 40 分钟后，马尔蒂尼不停地向罗科投去绝望的眼神。但是罗科始终在树下一动不动。疑惑开始蔓延："他该不是睡着了吧？"

---

① "乔瓦尼"的方言变体。

"得了吧，他就是想修理我们！"

"我觉得他是睡着了。"

又跑了无数圈后，马尔蒂尼队长终于鼓足勇气让全队停下，然后走向教练。

"罗科先生，罗科先生！"没反应。马尔蒂尼轻轻掀起他的帽子，与一双带着倦意强睁开的眼睛对个正着。

"该死的白葡萄酒！"一阵含糊的嘟囔之后，他忍不住笑了起来。

米兰这个大家庭里充满了无忧无虑的人，这是我以前不曾拥有的。在这里，所有的问题都能轻松解决。没有欲言又止的顾虑，没有会传染的紧张情绪。我的月薪有 10 万 5000 里拉①，还有单场奖金。这一年我们拿到了冠军奖金，我分到了近 100 万。有了这些钱，妈妈罗米尔黛，哥哥安东尼奥还有姐姐们可以安稳地入睡了。足球，这份我一直暗中培育的热情，曾如同一个地下情人，令我倾倒却也令我羞愧。如今，它已经结出了第一批触手可及的果实，能令一位移居库萨诺的贝尔加莫工人也感到丰美的果实。

---

① 意大利等国 1861—2002 年间的货币单位，1960 年法定汇率为 625 里拉 =1 美元。

第 3 章　智利世界杯：看得到
风景的看台

将意甲冠军奖杯收入囊中之后，期盼已久的 1962 年智利世界杯终于来临了。一个非常遥远，如同存在于传说中的国度，我从几个月前就开始梦到它了。出发前往圣地亚哥之前，国家队先在圣佩莱格里诺集结。球队里都是 20 多岁的年轻人，有我在奥林匹克队的朋友们：里维拉、布尔加雷利、萨尔瓦多雷、图姆布鲁斯和费里尼。还有一些在南美成长的意大利裔球员，比如阿尔塔菲尼（他已经随巴西队捧起过世界杯）、马斯齐奥、索尔马尼和西沃里，他们所具有的南美足球的技术在世界杯舞台上也许会是取胜的关键。

遗憾的是，我花在休养脚踝伤的时间远多于训练。这个与马赛伊冲撞造成的伤痛始终纠缠着我。我想要参加世界杯，而那场是联赛的最后一轮，战果已经无关痛痒，马赛伊你能不阻挠我的梦想吗？不能。一记"充满男子气概"的冲撞，是这样说的吧？也许我就此告别世界杯了。

世界杯之前的最后一场比赛是与比利时的友谊赛，我们来到了布鲁塞尔。国家队主教练费拉里把我叫到一边，询问我的恢复情况。

"我很好，费拉里先生！"我回答道。这不是真的，可是我太想比赛了，我想要说服他和另一位教练保罗·马扎把赌注压在我身上。

"那好，今晚你出场。但是你真的感觉没问题？"

"千真万确，费拉里先生！"

"听着，如果你感觉还不行，这不会改变任何事的。我一样会把你带去智利。最多你也就错过第一阶段的几场比赛，你可以在后几场比赛上场……"

"请放心，费拉里先生！我现在就准备好了。"

中场休息的时候，费拉里斜着眼看着我说："特拉帕托尼，你给我讲的鬼话还真有趣啊！"

"您说什么呢，费拉里先生？"

"别再用什么'费拉里先生'来烦我了！你说你已经没事了，随便谁离着一公里就能看出你在瞎扯！下半场你不要上场了，卡斯戴莱迪踢你的位置。塞尔乔奥去做准备活动，加油！"

失望感灼烧着我，我害怕进不了 22 人大名单。但费拉里兑现了他的承诺，我和其他人一起登上飞往圣地亚哥的航班。我拿到了 6 号球衣——意味着首发位置的号码。

在智利我们受到了最热烈的欢迎：沿途挤满了欢呼的人群，临街窗台上飘舞着三色旗，漂亮的姑娘们向我们投掷着花束。赛事的接待更加美好仿若童话，我们被安排住进了阿尔瓦雷斯上校航空学院的建筑群中最美的侧翼区域。我等不及要回到意大利，向妈妈和我美丽的宝拉描述我身处的这个梦境。

如我之前猜测的，费拉里告诉我不会让我在对西德队的第一场比赛中上场。

"等你情况好转了再出场。但是，你给我听清楚了，不许垂头丧气的！这不是什么问题。首发的位置是你的，我们需要你。你听懂了没有，特拉帕托尼？"

"是的，费拉里先生！当然，费拉里先生！"

比赛的前一晚，我、莫拉和阿尔塔菲尼在宿舍里躺着聊天。我们都很紧张。我因为脚踝的问题而有些忧郁；莫拉约到了一位女服务生，但不知道怎么才能溜出去赴约；阿尔塔菲尼为第一次代表意大利参加世界杯而雀跃不已。

"是谁让你决心放弃巴西的？"我问他。

"巴西队内的竞争激烈到夸张的地步。而在这里，我可以说我前途平坦，谁都抢不走我的首发位……嘘！安静！"

房间里顿时鸦雀无声。我们隐约听到两位国家队教练在讨论明天的首发。费拉里似乎在说：嗯，我觉得阿尔塔菲尼有点僵硬。你怎么想？我们让他作替补？

莫拉和我一边使劲憋住笑声，一边向可怜的何塞做各种粗鲁的手势。阿尔塔菲尼脸涨得通红，已经没了几分钟前的亢奋。但他是阿尔塔菲尼，如同拥有大自然的力量，没有什么事能夺走他的勇气。我太了解他了。他做手势让我们保持安静，继续屏息偷听。

"里维拉……嗯。马尔蒂尼……嗯。布冯……嗯。"

终于传来了隔壁房门打开的声音，阿尔塔菲尼炮弹般冲出走廊，蹦蹦跳跳地来到目瞪口呆的马扎和费拉里面前。

"晚上好，先生们，真幸运能在这里见到你们！我想跟你们说，我的状态好得发疯！我好得不得了，简直从没有这么好过。4 年前我很好，但是跟现在都没法比。我准备好出场了，这届世界杯一定会被铭记的！"

真是难以形容的厚颜无耻。凭借着这出小闹剧，何塞说服了费拉里和马扎，他在这场比赛中得到了首发出场。我们以 0 ：0 的比分与哈勒和施内林格领衔的德国队握手言和。

几天之后，我们注意到智利人的态度发生了急剧的变化：原先我们是他们的宠儿，突然之间，似乎所有人都对我们怀恨在心。态度转变是由一些意大利记者为智利报纸撰写的报道造成的。政治问题。智利被我们的记者描绘成一个可悲的非民主国家，底层人民中充斥着卖淫、文盲和酗酒问题。一个试图利用世界杯来重塑自身国际形象的民族。我从不懂政治，并不知道这些描述是否具有真实性。我只知道我在这里过得很愉快，作为一支年轻球队中的一员，我希望能一路走到这届杯赛的终点。

第二场比赛我还是在看台上，脚踝的伤势恢复得很慢，我开始担心队医是否已经对我丧失了信任。这场比赛的对手是东道主。智利不是一支与意大利处于同一水平线上的球队，更不能和巴西、阿根廷、乌拉圭那些南美强队相提并论，但是他们享受到了通常暗中给予赛事主办方球队的优待。为了弥补那些文章造成的不快，我的队友们捧着花束上场，将它们抛向智利观众的看台。但是观众们并不领情，全场回荡着刺耳的嘘声。

据说是听取了一些记者"朋友"的建议，马扎和费拉里决定更换 6 名常设的首发球员。图姆布鲁斯和亚尼奇的中场组合第一次出现在了国家队的阵型里。如果这届世界杯进展不顺利，完全是记者们的错，至少我是这么认为的。开场仅仅过了 7 分钟，费里尼就被英国裁判阿斯顿罚出场。马斯齐奥上前争辩，却在混乱中迎面挨了莱昂内·桑切斯的一记重拳。不愧是著名拳手的儿子。马斯齐奥带着碎裂的鼻梁留在场上，智利人却没有吃到任何判罚。比赛在裁判的双重标准的吹罚下继续进行。讽刺的是，原本指派的裁判是西班牙人奥提兹·得·梅德比尔，我们的足协向赛事组抗议说，西班牙裁判难免会偏向使用同种语言的智利队。阿斯顿因此才被临时召来主持这场比赛的。0：0 的比分被保持到比赛的最后时刻，但当我们又被罚下一人后（戴维也迎面挨了桑切斯的拳头，他的反击被裁判抓个正着），九对十一人的比赛只能以一个致命的 1：2 收场。

第三场比赛我们 3：0 赢下了不起眼的瑞士队，但是已经完了。我们的世界杯在这里结束了，第一阶段就被淘汰出局。而我和我的 6 号球衣，始终没能走下看台。

第 4 章　与贝利缠斗的 1963 年

　　我带着低落到尘土中的士气回到了意大利。感谢上帝,我的脚踝伤情终于好转了。我准备好重新取回在米兰俱乐部和国家队的首发位置了。

　　一位易激动又难相处的教练被指派来顶替马扎—费拉里的双人组。他是爱德蒙多·法布里,是的,就是那个在 1963 年英格兰世界杯中被朝鲜耻辱性淘汰出局的意大利主帅。但是回到 1963 年,他还没被打上"朝鲜的那位"的烙印。彼时的法布里是人们口中津津乐道的传奇教练,他在 4 年间就把蒙托瓦队从第四级联赛带到意甲联赛,他本人则在第五年成为了国家队主教练。身穿天蓝色球衣是一份特殊的荣耀,而我仅仅才 20 岁。不到 10 年前我还是个在库萨诺—米拉尼诺造纸厂的学徒工,而今天,我在这里期待与巴西队的相遇。

　　但是现在我们红黑军团成员的脑海里只有温布利,友谊赛的 10 天后我们将在那里与本菲卡争夺欧洲俱乐部冠军杯①。我们的另一位教练,罗科,把我、切萨雷·马尔蒂尼和加尼·里维拉拉到一边,用他的的里雅斯特方言叮嘱我们,命令我们一定要当心,决不能受伤。当"老爹②"开口讲话的时候,你最好认真听,他不是会把事情说第二遍的人。

　　但是蒙蒂诺③·法布里没有兴趣操心温布利和冠军杯。对他来说,对阵

---

① 欧洲冠军联赛的前身。

② 罗科的外号。

③ 爱德蒙多的昵称。

巴西队的这场豪华友谊赛比我们的决赛重要得多。他对这场比赛极其专注，而且认为球员理应比他更投入。比赛将在米兰的圣西罗举行，我们的主场。这也给这场友谊赛增加了更浓郁的友好气氛。巴西队是最近两届世界杯的得主，何况阵中还有一位当世最强的球员：贝利。因此法布里不愿意在任何方面丢面子，还因为想不出让谁去盯防"球王"而连续几天没睡好。

当他决定把这个任务派给我的时候，我的第一个想法是去找罗科，我能想象他对我说："让他进球呗，只要他不弄伤你。"或者并不会……毕竟罗科是深爱着国家队的。有一点很明确：我们会认真比赛的，除此之外，我们必须非常非常小心。

马尔蒂尼，我的米兰队长，对我说："你得这么想啊，也许派你在温布利盯防尤西比奥呢……"然后他笑得像个疯子。

是呀，尤西比奥，本菲卡的 1942 年生的巨星，能比肩贝利的另一个百年难遇的天才。百年难遇的天才，我却要在 15 天里连续对付两位。数据分析并不看好我，不过大多数时候我们也根本不在乎数据。

虽然心在温布利，但我在圣西罗已经准备上场盯防那个艾迪逊[1]什么什么的，总之就是贝利。有一点心跳加快是可以理解的。而且这次相遇毕竟是场盛事：观众们为我们而来，但事实上他们是来欣赏这支强大的巴西队的。如果我们赢下比赛，自然能 扫智利世界杯早早出局的阴霾，给所有人注入新的信心。

关于这场比赛的过程，曾有无数文章详细描述过。时至今日，仍有一些马齿徒增的人和不懂得措辞严谨的记者，把我描写成"阻止了贝利的人"。

---

[1] 贝利本名为 Edson Arantes do Nascimento，艾迪逊·阿兰蒂斯·多·纳西曼托，贝利是他的外号。

但我不知疲倦地解释了无数遍，当天的贝利身体情况不佳，他是为了对在场的米兰城球迷表示尊重才出场的。贝利总共在场 26 分钟，期间并没有接到任何可供他发挥的传球。换下贝利的是 30 岁的瓜伦提涅，巴西博塔弗戈俱乐部的高产射手。瓜伦提涅是位难缠的对手，但盯防他还是比看管贝利容易多了，最终他也没有得到触球的好机会。总之这场比赛以我们 3 ：0 结束，不错的结果。

1963 年是个充满魔力的年份：欧洲俱乐部冠军杯！我们在整个赛事中昂首阔步，与卢森堡联队的二回合中进了 14 个球（8 个归功于阿尔塔菲尼）；次轮淘汰了英超球队伊普斯维奇；四分之一决赛轻松跨过了土耳其球队加拉塔萨雷；半决赛中战胜了苏格兰的邓迪队。决赛将在温布利球场对阵本菲卡。所有的眼睛都注视着我们。从没有意大利球队赢得过冠军杯。在牌面上我们并不被看好：他们是上届冠军，而且拥有世界上最好的年轻球员之一——尤西比奥。人人都说他兼备前所未见的速度和绝妙的进球感。关于这颗"黑珍珠"，我们听过无数评价，但从没看过他的比赛。冠军杯的难点之一就是你会遇上知之甚少的异国球队，只能根据各种传闻去备战。这场决赛在意大利没有电视直播，整个国家将通过电台广播来收听战况，或者等待迟来的录播。

1963 年 5 月 22 日，我永远不会忘记这个踏入温布利大球场的日子。虽然看台没有完全坐满，那也是足以震撼人心的画面。有一瞬间，我仿佛回到了贝尔纳西奥拉农庄的院子里，脚边刚刚滚过那只用猪膀胱做成的球，球门后面隐约是修道院的矮墙，库萨诺队每周四的训练刚结束。而父亲的双眼在对我说："你应该告诉我的，这次。我没有看你比赛的运气。"爸爸，我会给你买飞机票，为你订酒店，只要你能来这里。哪怕是厌恶足球的你，也一定会从温布利球场的看台上为我喝彩的。

我们还没有彻底回过神来，比赛已经开始了。教练席距离球场非常远，罗科喊叫着什么，但是我们几乎听不清。我们只能分辨出几句里雅斯特方言的咒骂，因为我们对这种语调和分贝实在太熟悉了。一瞬间，黑珍珠越过了我、马尔蒂尼、贝尼特斯和其他所有人，打入了一个无比精彩的进球。上半时的剩余时间我们都在痛苦中度过，罗科在视野里只是教练席上的一个气得紫涨的小人，时不时传来一声战术指导式的骂娘声，但实在起不到任何作用。

马尔蒂尼队长靠过来对我说，如果我们继续这样必定徒劳无功。在不通知罗科的情况下，我们决定改变防守阵型。贝尼特斯后撤和马尔蒂尼组成防守搭档，我专职负责卡住尤西比奥。

我的防守风格是彬彬有礼型的。我不知道其他人如何定义这种方式。我紧贴住对手但不会去碰他，不会踢他或者做一些伤害性的小动作。我的目的是不让他得到队友的传球。首先是对对方的尊重，然后才是及时、快速和准确。

本菲卡一球领先结束了上半时。中场休息时，罗科对马尔蒂尼的临场变阵表示了赞同。教练从联赛失望而归，他原本计划带领我们卫冕，但今年有太多的事情没有正常运行。我们必须从这场比赛的下半时就开始重整旗鼓。我们向场上走去的时候，罗科严肃地打量着我，然后给了我通常的那句叮嘱："裘安尼，记住胸口的皮！"

这是我和教练之间交流的核心。翻译过来的意思是：我可以慷慨地让出阵地，可以在球场上自由跑位，但不能漫无目的，我必须带着明确的意图去做每一个动作。然后他说："穿着短裤在比赛的是你们，所以你们照看着点局面。正确的战术只有一个：传球给里维拉，里维拉——阿尔塔菲尼——进球。明白吗？"

明白，完全明白。

下半时过半，阿尔塔菲尼已经进了两个球了：一个来自于里维拉的传球，恰如罗科的战术指导；另一个来自防守抢断后的反击。本菲卡在队长科鲁纳受伤离场后只能十人应战。皮瓦特利的铲球并不带恶意，但科鲁纳动作稍慢，不幸被踢中了脚踝。此时替补名额已经用完。2：1 的比分保持到了终场：90 分钟之后，我们成了欧洲冠军。依靠一群年轻人和一位杰出的教练，意大利俱乐部第一次捧起了这座奖杯。

三声哨响，我头晕目眩地瘫倒在草地上，疲倦压倒了我。我们赢下了对阵本菲卡的决赛？我仍然不敢置信。我看到裸着上半身的阿尔塔菲尼向教练席跑去，其他队友的球衣也都不知所踪，大家在喜悦的疯狂中抱作一团。所以这是真的吧。我们真的做到了。颁奖礼就要开始了，我们将在现场各界高官和格洛斯特公爵殿下的面前捧起奖杯。但是大半支球队已经把泥泞汗湿的球衣扔掉了，也没有备用的可换，我们不能半裸着上领奖台啊。里维拉还在球场上迷迷糊糊地转圈，似乎比我晕眩得更厉害。他披着某位经理的大衣，几乎被这件大三号的衣服吞没了，这画面让人心中涌起一阵对孩子似的柔情。

罗科挨个儿拥抱了我们，一双灌木丛似的浓眉下，眼睛里全是藏不住的激动。他如同带着一群孩子的老爸爸，或者是位指引教众的牧师，一位会在圣餐仪式上贪杯的牧师。

我们先在伦敦进行了庆祝，然后回到米兰城继续狂欢。上千名球迷在机场等待我们，据说有将近 5000 人呢。罗科的米兰队，我们的米兰队，我们是欧洲最强的球队。

几天之后，罗科执教都灵的消息如同一桶当头泼下的冰水。维亚尼对他的职位施加了太多压力？他想带都灵队重回意大利足坛之巅？没有人知道原委，各种推测都是白费力气。唯一确定的是我们觉得自己成了被坏脾气老爹扔下的孤儿。一个来自罗马队的阿根廷人接替了他的位置，路易斯·卡尔尼利亚。他比罗科年轻几岁，能和我们一起踢训练赛，至此为止一切正常。但卡尔尼利亚是赤脚踢的训练赛，我们从没见识过这样的事情。

1963 年属于巴西。当年 5 月我们在友谊赛遇上巴西国家队，在秋季我们又期待与桑托斯队在洲际杯①上的较量。在圣西罗成功盯防了贝利 26 分钟之后，洲际杯赛场上他也是我的任务：那些最滑溜的对手总是归我照看。我尽力做我能做到的，我不会羞于承认我和贝利是属于两个不同级别的球员。通常来说，我的确与巴西球员属于两个截然相反的星球。我们的足球星相也落在不同的星轨上。作为美丽足球的崇拜者，我无法不欣赏他们的移动，他们对传球的通晓，他们对打出精彩场面的不断追求。但当我在球场里开始工作时，虽然我们都是球员，我们的职业类型分毫不差，但我的方式与他们完全不同。我是秩序的维护者，用工人或者泥水匠一般谦逊的姿态在球场上破坏和重建。我是一个泥水匠，他们则是被创意之魔亲吻过的天才建筑师。

但是足球正在改变，一点一点地，战术上的调整成了赢下比赛的关键。在北欧出现了以球员身体素质和战术见长的球队，他们把比赛催眠，然后在电光石火间又以光速启动，企图杀死比赛。但在当时，立于世界之巅的仍然是巴西队。

最艰难的任务交到我们米兰人的手中：代表欧洲新型足球去征战洲际杯，它是全世界足球俱乐部的最高奖杯，也是覆盖面最广、最难征服的荣誉。的

① 洲际杯为 1960—2004 年的年度洲际赛事，由当年的欧洲冠军杯与南美解放者杯的冠军球队参与角逐。1980 年改名为欧洲—南美冠军杯赛，即丰田杯。2005 年起被国际足联世界俱乐部冠军杯取代。

确，它仅仅只有两场比赛，但这是重逾整个赛季的两场比赛。首轮比赛在
10 月中旬的圣西罗举行，次回合安排在一个月后的里约热内卢。略显讽刺
的是，我们的关键球员是一个来自博塔弗戈的巴西年轻人，他在巴西联赛的
3 个赛季总共进了 136 个球，去年在智利世界杯的决赛中贡献了 2 个进球，
在成为世界杯冠军的同时被足球界誉为"新贝利"。他是让同胞们害怕的阿
玛里尔多。有了他、里维拉、莫拉和阿尔塔菲尼，我们能够尝试遏制住拥有
多瓦尔、蒙加尔维奥、库蒂尼奥、佩佩和贝利的超级球队。新教练卡尔尼利
亚对此很有信心。

　　圣西罗的到场观众共有 52000 人，全部都是我们的支持者。那一周的
体育报纸全都沸腾了，米兰城的话题只剩下这一个。当想到次月在马拉卡纳
球场的比赛，这份狂热不禁冷却了下来。届时对手的支持者将是现在的三
倍。如果 52000 名支持者能给客队造成高压，那么在 15 万对手球迷的面前
要如何比赛？

　　首回合的比赛刚刚开始，我不知道发生了什么，也不知道为什么，我在
禁区边接到了传球。我闭上眼睛，起脚，睁开眼睛，进了！进球了！我的
职业生涯首球！面对贝利的桑托斯队！15 分钟后阿玛里尔多将比分改写成
2：0，之后的比赛立刻变得轻松了。贝利在下半时开始时扳回一球，阿玛
里尔多和莫拉立刻回敬两球。贝利在将近第九十分钟罚入了点球。最终比分
停留在 4：2。

　　但是首回合的胜利并不算数。卡尔尼利亚再三对我们重复：在南美赛场
踢球非常艰难，所有人都是敌人，球迷、警察还有 3 个裁判。4：2 的优势
只勉强算是一副镇静剂，效力仅够维持到比赛开始前。一个月过去了，我们
来到了马拉卡纳球场。贝利受伤了，不能上场，代替他的是艾尔米，据说他
在回到祖国之前曾在热那亚踢过两场比赛。裁判则是我们教练的同胞，阿根

廷人普洛济。马拉卡纳球场太惊人了，15 万名桑托斯球迷制造出一种无法形容的轰鸣声。但在队友的眼中，我们看到彼此胜利的信心。仅过了 10 分钟，我们已经凭借阿尔塔菲尼和莫拉的进球领先了。但是在下半时，发生了令人无法相信的事：裁判普洛济不顾职业道德，开始明显偏袒巴西人。这让比赛变得非常艰难，特别是面对伊斯梅尔和阿尔米尔的时候。45 分钟后，我们被进了 4 个球。两回合成了平局，必须择日重赛。我们的经理与国际足联及桑托斯队交涉，但赛事规则说明，今年的奖杯必须在南美大地上颁发，这一点没有讨论的余地。于是定于两天后重赛，赛场仍然是马拉卡纳。换裁判？当然不，仍然是原先的那位。另一场无功而返的外交争吵后，米兰递交了一份书面备忘录，以抗议赛事组委会将赛事执法权交给普洛济这样的裁判。

我们的阵容早已元气大伤，没有首发门将格济，没有戴维，并且没有里维拉。他们都是前一场比赛中桑托斯队"硬汉式"足球的受害者。我们派出了巴尔扎里尼守门，防线上有贝尼特斯、弗杜纳多突前。比赛开始半小时后，裁判普洛济为桑托斯队创造了一个点球，并把提出抗议的马尔蒂尼罚出了球场。桑托斯领先。5 分钟后，巴尔扎里尼被艾尔米冲撞受伤，不得不把球门交给第三门将巴鲁济把守。狂怒的卡尔尼利亚向他的同胞尖叫，并向我们做手势示意退场拒赛，但俱乐部官员拦住了我们，要求我们继续比赛。这是一场噩梦，桑托斯队的每一次触球伴随着全场海啸般的喝彩声，而我们的任何动作都淹没在嘘声里。

终场哨如同一声赦令：在仅仅一年多一点的时间里，我的梦想第二次被裁判扼杀。我希望这是最后一次……

第 5 章　那段梦幻的 60 年代

　　1964 年，博洛尼亚队在贝纳尔迪尼、哈勒、尼尔森的带领下，出人意料地赢得了意甲联赛冠军。我们以第三的名次结束了那个赛季，当时利德霍尔姆和维亚尼作为替补，而卡尔尼利亚则在 3 月份离开了。利德霍尔姆刚刚晋升为教练，就遭受了阿尔塔菲尼那臭名昭著的"衣柜恶作剧"，但他表现得却不像罗科那样火冒三丈，面对着我们赤身裸体的巴西队友依然格外冷静，然后用那带着典型的瑞典式冷漠的语气说："邱塞佩①，这不是你的衣柜！"

　　结束了联赛，或许应该是考虑更严肃的事情的时刻了，这可比榜单上第三名重要多了。

　　当宝拉对我说愿意的时候，那一刻我感觉所有的事都回归正轨了。好吧，没有罗科，米兰就不再是我当初爱上的那个米兰了。好吧，我们落入了南美的陷阱，与洲际杯擦肩而过。好吧，我父亲如今再也不能给予我激励，我需要自己去寻找坚持踢球的信念了。但，只要一想到以后可以跟宝拉生活在一起，就足以慰藉我的彷徨与失意。有那么一瞬间，我脑中闪过在米兰租一间公寓的想法，这样球队移动的时候我们就会更加方便，宝拉也会更适应大城市的生活。不过那只是一刹那的犹豫：我的心里始终有库萨诺。我可以不带她回库萨诺，但我可以为她在米拉尼诺最高贵的住宅区买一栋舒适的别墅。宝拉会习惯在米拉尼诺生活吗？她会不会觉得那儿的生活太无趣？我正在做正确的选择吗？

　　不过，这些都不重要，我选择娶她的这个决定太对了。我已经与她相识

---

　　① 原为朱塞佩，但因为利德霍尔姆发音不准而变音。

相知 4 年了，我们期间通了无数次电话，我觉得甚至连斯蒂佩尔和忒堤① 的技术员都已经对我们非常熟悉了。每次，我们都尽可能地抽出时间来见面，当然，每次也都有一位女性"监督员"陪着我们，为了盯着我，不让我做出什么逾矩的举动来。跟她们对比起来，意甲联赛的防守型后腰简直如羔羊般温顺。如今我在队内已有了一席之地，我能参加每场比赛，我还是欧洲冠军和世界亚军，我有资格向她伸出我的手，请求与她携手共进。

1964 年 6 月 2 日，在格罗塔费拉塔② 的圣尼罗修道院，整个特拉帕托尼家族，包括一些叔叔和表亲，见证了年轻的加尼和他深爱的宝拉两人的婚礼，场面一度非常让人动容。回顾与宝拉的恋爱过程，直到与她在牧师面前许下白头偕老的誓言，这期间最艰难的时刻，肯定是计划将我的至亲全部请来伦巴第这里生活。当时有一些受邀的亲友我甚至都没有见过面。最令人记忆深刻的无非是我的证婚人，前旅游与文艺部部长阿尔贝托·福尔基。我在 1960 年的奥运会上有幸认识他，那时我刚遇见宝拉不久。一天晚上，我跟他开玩笑说如果我与宝拉进展顺利的话，我会请他做我的证婚人。他答应了，以为那只是我一时兴起。后来，在我婚礼前一个月，我打电话告诉他这个喜讯，然后提起当初的承诺，他刚开始无法置信，回过神儿来之后立马接受了我的邀请，他真心地为我感到高兴。

"我完全没有想到你那时是说真的，对，你，特拉帕托尼。足球运动员提到漂亮姑娘的时候永远都是不可信的，然而你在 4 年前就已经预知了一切。你的眼光真是独到，恭喜你。"

"我在比赛的时候也是这样认真，部长。我在脑子里想象布局，然后在实战的时候尽可能准确地把它实现。我知道，我钻牛角尖的时候有些无聊……"

① 斯蒂佩尔（Stipel）和忒提（Teti）是意大利的两家电信公司。
② Grottaferrata，位于意大利中部，是意大利罗马省的一个市镇。

"哦不，特拉帕托尼，你与无聊可完全不沾边。你的内心里住着一股躁动，这份躁动会引领着你越走越远！"

不过现在，宝拉可顾不上这些，她正战战兢兢地喝下第三十杯卡斯泰利葡萄酒① 呢。宝拉的爷爷奶奶在我们刚确定情侣关系的时候就存了一桶特制葡萄酒，现在这酒的副作用就出来了，不过这些都是甜蜜的：到处都是微笑的脸庞，愉悦的心情，和我们想要在一起的决心。

我们的蜜月旅行定在西班牙，但在第一天晚上我和宝拉就爱上了塔洛莫内② 这个地方，在蒙泰亚尔真塔廖附近，我们在那儿停留了一个星期。在 7 月我们又回了那儿，甚至还买了栋房子，为了任何时候都可以去小住。

那段时期我经历了大变动：夫妻生活，宝拉逐渐适应了库萨诺的生活，1965 年 10 月我们的女儿亚历山德拉出生；然后是我母亲的疾病，一种逐渐侵蚀她的内脏的硬化病。她生命的最后那段时间充满了痛苦与折磨，最终在 1966 年初逝世，当时她仅仅 61 岁。对于宝拉来说，这也是一次精神创伤，因为远离了自己的家和家人，她把我母亲当作贴心的朋友和帮手来看待。

这些大变动，也在潜移默化地影响着不久之后发生的事。福尔基局长讲过的那股躁动占了上风，我疯狂的阶段开始了。这跟我的队友布鲁诺·莫拉的疯狂不一样，他老是和漂亮姑娘在一起招摇过市，然后被登上报纸；我的疯狂没那么高调，不会有杂志感兴趣去写。那是种仿佛被诅咒般的恐惧，这恐惧让我止步不前。一切从一次简单的血压检测开始。我看见特拉尼医生皱起了眉头，然后对我说："等等，我们再测试一次。"

---

① Castelli di Jesi Verdicchio Riserva，耶稣城堡葡萄酒，马尔凯大区一种用维迪奇诺葡萄酿造的葡萄酒，意大利官方鉴定为 D.O.C.G.（有原产地认证和保护的食品），此级别可以说是等级最高的葡萄酒，色泽淡黄，味道细腻，略带苦涩。

② Talomone，奥尔贝泰洛市镇的一个分区，位于意大利中部的格罗塞托省。

我们重新测了一次，他的脸上又浮现出了不解的神情。我忍不住问他："医生，有什么问题吗？"

特拉尼看着我的眼睛，努力地保持严肃，但我知道他在强忍自己的笑意。"特拉帕托尼，你的心脏有些疯狂。它时不时地会停下。"

"会停下是什么意思？我可不想命丧球场！"

特拉尼终于忍不住了，他开始爆笑："我就知道你会受到惊吓……没什么大碍，你不要担心，只是简单的心律不齐。"

那可能就是简单的心律不齐，但我依然止不住地担忧。一种被诅咒的恐惧。我的主啊，我不会在比赛的时候突发心梗而死吧？爸爸是对的，足球有害。被诅咒的恐惧。我这该死的对足球的热爱，大概也受诅咒了吧。只是心律不齐，是的，这非常正常，但谁知道真实的情况是什么呢。

那一天，我预感到了即将到来的心梗，它就要来了，我非常惊恐，所以拨了通电话给宝拉。开始通话的时候，我试图幽默一些，让事情不那么戏剧化："我在米拉内洛，你在米拉尼诺，那么谁在米拉努齐奥①呢？"但她感受到了我的焦虑，没有笑。当然，这笑话真是太烂了。

"加尼，我喜欢你是因为你一直都非常开朗乐观。但这段时间以来，你变了。发生了什么事吗？"

"我的心出了点问题②。"我脱口而出。

电话的另一端，沉默。

"宝拉？宝拉？"

我挂断了电话。她理解成什么了？可能理解成了我喜欢上了另外一个女人？一个米兰女人？她开玩笑的时候老说："你迟早会找到一个米兰女人，

---

① 原文里三个名称分别为 Milanello，Milanino，Milanuccio，这三个的词根都一样。

② 意大利语原句也可解读为：我的心变了。

然后抛弃我！"可我唯一中意的只有米兰炸肉排，而且也只在我能吃到的时候（这样的机会并不多）。

训练的时间，我都花在了尝试捕捉心脏的律动上，这导致我经常分神去摁住手腕数心跳。他们以为我疯了，我知道他们在背后议论我。但我的心脏有时会停住，天哪。

他们老是嘻嘻哈哈，取笑别人，即使有人真的生病了。拥有一个像米兰队这样爱嬉闹的大家庭是非常有趣的，但当他们决定让你成为他们玩笑的中心的时候，这一切就非常恼人了。一次，我在圣西罗比赛的时候离场，又一次感到死神与我擦肩而过，从那以后他们相信我了。他们想"他真的生病了"。第二天，我来到更衣室后，队友们全都对我报以沉默和敬意。

医生把我叫到角落对我交代："现在我们会给你做全面的检查，再跟专科医生讨论。但据我观察，你非常健康，完全可以踢球。我以医生的身份向你保证这个判断。如果因为其他的原因你想退出，随你。但这跟心脏没关系，你搞懂了吗？如果你真有这样的想法的话，我会以我的名誉冒险为你写这张诊断书！"

他说服了我。我决定相信特拉尼。他是一位科学家，而我只是一名中场球员。如果他说我什么毛病都没有的话，那我就真的是健康的。不过，在第二天的比赛中，我还是注意到了我疲惫的心脏漏了六七拍心跳。过一会儿我就会补上的……但那只是粉饰太平，为了让自己安心。我很好，我不再恐惧……其实我这是努力让自己不再去想这件事，我可以的。

因为心律不齐的缘故，我结识了新来的医生詹巴蒂斯塔·蒙蒂，我们亲切地叫他金科，他来自诺瓦泰①，离库萨诺很近。是他让我爱上了古典乐，开始陆陆续续借给我一些碟片。离库萨诺乐队的那段时期已经非常遥远，音

---

① 全称 Novate Milanese，诺瓦泰米拉内塞。

乐却再一次走进了我的生命。不止这个，蒙蒂也把对于艺术的爱好传递给了我，在他的耳濡目染下，我先是玩闹似地购买了一些古董画作，后来慢慢变得认真起来，也越来越有眼力。

光阴如梭，几年过去了，米兰队仍旧找不回罗科时期的那种和谐与默契。我们一直占据着榜单的头几名，却始终没能力独占鳌头。阿尔塔菲尼经常因为资金问题与总部争执，他常被冷落不允许上场，然后又被召回队内。混乱统治着当时的米兰队，而我们资历尚浅的利德霍尔姆教练无法掌控这一局面。

1967 年，总部决定重新聘请罗科来主持大局，领导球队走出困境，承诺让他无须再受维亚尼的监督。得知这个消息时，我的内心是欢呼雀跃的。有一点是毋庸置疑的：我们同罗科一起书写了球队史上极具意义的篇章，在他出走后，我们再也没能重现往日的辉煌。现在，罗科以真正的主教练身份回归，马尔蒂尼作为副教练带领我们训练。罗科—马尔蒂尼这一组合让人联想起几年前的维亚尼—罗科，不同的是来自的里亚斯特的马尔蒂尼比起待在办公桌前，更喜欢下场实践。罗科回来之后，那些新的足球战术的试验也告一段落，我们又重拾起意大利的传统足球，着重于防守阶段的准备。皮耶里诺·普拉蒂的加入也为我们的进攻增加了实力，这位来自青年队的强力中锋曾被送到萨沃纳去历练；另外，罗科还签约了一些经验老到的球员，来自佛罗伦萨的哈姆林，布雷西亚的守门员库迪奇尼和莱科的马拉特拉西。我预感到这个队伍将会非常强大，事实也确实如此，经过开始有些抓瞎的磨合之后，我们一举赢得了意甲联赛冠军，以 9 分的优势领先那不勒斯，领先尤文10 分。在 5 月，我们还获得了欧洲优胜者杯[①]。决赛在鹿特丹举行，对手是

---

① UEFA Cup Winners' Cup，是曾经的"欧洲三大杯"之一，由欧洲足联（UEFA）举办，欧洲各国杯赛的冠军俱乐部参加，该赛事于 1960 年开始举办，1999 年停止。

有着伟大的乌维·席勒（他由我负责防守）的汉堡队。2：0，由哈姆林梅开二度，然后我们就高高兴兴地回家庆祝去了。

这两次夺冠让米兰又变成了焦点。加尼·里维拉已然成为欧洲最棒的球星之一；哈姆林迎来了事业的第二春，34 岁的年纪依旧在球场上飞奔，用他那独有的补射和穿裆技巧制胜；普拉蒂是意甲联赛的最高得分手，而我继续防守最危险的对手。

罗科开启了一段"民主足球"的时期：他乐意与队内所谓的"老人"一起解决问题和讨论疑惑，这些人分别是哈姆林、库迪奇尼、马拉特拉西、索尔玛尼以及……裴安尼，也就是我。在青年队员中，罗科比较听信里维拉，这个年轻人一年年来逐渐成了球队的领头人物。即使他的年纪尚轻，但他有着非同寻常的智慧、能力和野心，这让他成功打入了主教信任的核心团体。我对里维拉也有着无限的信任：我们之间有着心电感应，十次有八次我都会传球给他，因为他总是能出现在我的对面，而且非常善于躲避对手的盯防。

联赛之后的首要目标当然就是"有耳朵的奖杯①"——欧冠杯了。国米此前在"魔术师"埃伦尼奥·赫雷拉②的带领下，已经超越我们赢得了两次欧冠。在 1967 年，他们与我们的差距险些拉得更大，但黑蓝队在对阵来自苏格兰的凯尔特人的决赛中与冠军擦肩而过。1968—1969 赛季的欧冠必须是属于红黑军团的，罗科建立起来的球队让我们胸有成竹。

最难的比赛是跟包含乔治·贝斯特、丹尼斯·劳和博比·查尔顿的曼

---

① 欧冠奖杯的两边形似耳朵。
② Helenio Herrera，足球运动员、著名足球教练，链式防守的提倡者，曾执教国米，并将这门技术在意大利发扬光大。

联的那场半决赛。在第一回合，我们凭借索尔玛尼和哈姆林的进球以 2：0
获胜，在第二回合，我们红黑勇士们坚毅的对抗让比分停留在了仅让对手
领先一球的 1：0。那场比赛非常经典，展示了场上最佳守门员的表现。库
迪奇尼在队友们的喝彩中结束了那场比赛：他是当晚的英雄，从那天起他
也以极负盛名的外号"蜘蛛人"为傲，在此前俄国人雅辛也获得过这个称
号。英国媒体恼羞成怒，言辞刻毒地批判罗科的链式防守①，甚至将他与赫
雷拉作比较。实际上，我们米兰队确实比曼联有实力，在这两轮比赛之后，
我们名正言顺地进入了决赛。这次比赛，我们面对的是一支完全陌生的队
伍。他们是来自阿姆斯特丹的阿贾克斯，众所周知，荷兰足球远不如意大
利，我们常开玩笑说："我们决赛是要跟一家洗涤产品比赛吗？叫什么来着，
Spic&Span②？"

阿贾克斯的实力其实非常雄厚，这支球队由一位非常具有创新精神的年
轻教练带领，里努斯·米歇尔斯，成员身体素质和专业技能俱佳。他们在初
始的比赛中无往不胜，在第四轮打败了本菲卡，后来在半决赛虽然遇到了一
些阻碍，最终成功战胜了来自捷克斯洛伐克的特纳瓦斯巴达俱乐部。他们
出乎所有人意料地进入到了在马德里举行的决赛，而我们觉得奖杯已唾手
可得。

果然，在伯纳乌，比赛的局势几乎是一边倒的。皮耶里诺·普拉蒂勇往
直前，在上半场梅开二度。在下半场，我在速度上被初初崭露头角的克鲁伊
夫赶超，处于下风，以至于我不得已把他放倒在了禁区：他们罚点球取得了

---

① 链式防守（意语为 catenaccio，意为"锁"）是一种重视防守的足球战术，意在困住
并消耗对方球员，使其无法进球，因此也常被人诟病。这种战术在意大利尤其常见。简单来
说，四个后防球员中，有一个是垫后的自由人，这样来看从靠后的清道夫到三个后卫，加上
防守中场仿佛是一个十字架防守系统，所以又称为十字联防。
② Spic&Span 是一家洗涤用品公司的名称，阿贾克斯的队名 Ajax 跟洗涤用品的名称相似。

2：1。幸好，我们有两位雷厉风行的队友：索尔玛尼和普拉蒂的再一次进球让我们以 4：1 结束比赛。对于普拉蒂和整个意大利来说，那都是难忘的一夜。

当我走出赛场的时候，我依旧沉浸在盯防克鲁伊夫的疲惫中。他们对我说过他很强，但道听途说，在视频或比赛中观看他的表现，与直接跟他面对面对决真不是一回事儿。在那之前我成功盯防了尤西比奥和贝利，因此我对这个 22 岁的年轻人没有太大的顾虑。我已经 30 岁了，有着丰富的经验，所以我当时想着"一个阿贾克斯的前锋又能对我造成多大的困扰呢？"，然而……我从未见过如同他一般的球员。他仿佛踢着球在场上滑过。他在整个场地内横冲直撞，从不给人一个固定的方位。我是个墨守成规的中前卫，米兰也是支遵循着老规矩踢球的球队，与我最开始接触足球时一般无二，而这些荷兰人，他们有计划地制造出非常混乱的局面，使对手陷入困境。我形容为"有计划地制造混乱"是因为他们没有一个队员是有固定角色的，后卫可以进攻，前锋可以防卫，所有人都对足球有着非常好的掌控力，以及最重要的是，当他们，尤其是克鲁伊夫在奔跑时，有着与我旗鼓相当的肺活量。唯一可以制止他的方式是杜绝他接球的机会，否则我与他一对一对抗会非常艰难：他会随机选择从右或从左开始带球，我习惯于左撇子从左开始，右撇子从右，这个年轻人却没有喜好，他在踢球时有着非一般的优雅和顺序。

从对克鲁伊夫的战术分析回到现实，这个现实真是太美好了：我们再一次成为欧洲的冠军，这一切都得益于罗科的再一次领导（愿主保佑他，让他能长久地与我们在一起），还有那位来自奇尼塞洛巴尔萨莫的皮耶里诺·普拉蒂的三个进球，他是我们的青年队训练出来的优秀队员，被派去萨勒诺和萨沃纳历练，然后在最恰当的时机归队了。

欧冠再一次来到了意大利，几个月后为了取得我们第一个洲际杯的胜利，我们必须又一次面对南美解放杯的获得者。这意味着我们必须再次回到南美，被不分是非的裁判戏弄侮辱，如同在巴西那样。这回的主办国是阿根廷，对手是拉普拉塔大学生俱乐部。与往常一样，这支来自南美的球队是个谜。即使在去年他们在洲际杯打败了曼联取得了奖杯，也没人知道这个学生队是怎样的一群人，他们如何踢球。

我不在首发队员中，我已经不是当初活力四射的小马达了，而且一位名叫罗马诺·弗利的队员渐渐地展现出了足够取代我的实力。看得出来，罗科每次将我安排在替补位都是违背自己的意愿的。反倒是我需要安慰他说："罗科先生，你才是那个做决定的人。"这样他才能少些负担地做出选择。

第一回合对我们来说小菜一碟：3：0，其中索尔玛尼这个厉害的家伙进了两球，另一个是由孔班进的。孔班这人是个特殊的例子，他不清楚自己到底是哪国人。如果你问他："涅斯托尔，你是阿根廷人还是法国人？"他无法给出答案。他不在意。他是阿根廷人，但在年轻时就去了法国，还放弃阿根廷国籍取得了法国籍。在法国，人们把他称为"霹雳"，他长着一张令人恐惧的恶人脸，在阿根廷因为被视为叛国而声名狼藉。他常炫耀自己的壮举，他曾将被转寄到法国的阿根廷服兵役通知书，做成了一架纸飞机。

第二回合在糖果盒球场举行，这是博卡青年队的主场球馆，被学生俱乐部暂借用于比赛。我再一次坐到了看台上，与其说是一场球赛，它更像是一场狩猎。所有人都扑向涅斯托尔·孔班，推搡、威胁、拳打脚踢。裁判尝试维护秩序，但没有丝毫效果，观众叫嚷着暴力，在这场国际足球决赛的热血沸腾下，我所看到是犹如斗牛般混乱的场面。

好歹这一次的结果毫无争议，我们不会再像面对桑托斯那样束手无策，最终他们以2：1结束了比赛。涅斯托尔·孔班的脸仿佛是一张淌血的面具：正当里维拉发任意球时，他正面迎上了阿吉雷·苏亚雷斯趁着混乱挥出的一记重拳。不只如此，在涅斯托尔倒下时，苏亚雷斯还落井下石，用膝盖撞了他的鼻子。当时如果是卡洛斯·蒙松①而不是苏亚雷斯的话，结局可能还不会那么惨烈：至少他不会补上膝盖的一击。

在更衣室的时候，这场疯狂终于达到了高潮：警察来了，以拒服兵役的名义将孔班逮捕了。我已经什么都搞不懂了。罗科叫喊着，用的里雅斯特方言咒骂着他们，以为自己在讲西班牙语，没有一个人懂得他在讲什么，甚至连他也险些被逮捕。孔班的鼻子和颧骨骨折，他需要的是医生，而不是警察，但他依旧被带走了。我们决定在阿根廷一直待到孔班被释放，即使可能需要一个星期。有人说："放心，一定会很快有结果的。他在法国当了兵，一旦他们联系上了法国大使馆，一切就会解决的。"果然，孔班被拘留的时间仅仅是 12 小时，我们就带着奖杯和半个需要在医疗部住院的球队回米兰了。

我已过而立之年，差一点儿我就可以被视为"老人"了：每天训练完毕之后，我都会驻足看着年轻人们刻苦训练，我还喜欢给他们一些建议。我玩足球的方式一向是有计划的：我查看球员的分布，推测比赛会怎样进行，我是个"在球场上的教练"。

1971 年我结束了在米兰的旅程，当我们在纽约踢巡回赛的时候，总部与瓦雷泽签订了交换协议，将我与年轻的里卡尔多·索里亚诺互换。罗科把我叫到一旁对我说："裘安尼，去瓦雷泽让他们好好看看你的实力。然后，等什么时候你愿意了，回到我身边来和我一起工作。"

我的道路已经被规划好了。不久的将来我不会再下场踢球，但这并不意味着我将告别足球。除了足球，我又可以做什么呢？除了这门职业，我不认识其他的。

1971 年 10 月 3 日，我在布里根蒂执教的瓦雷泽队首次上场比赛，而对手恰好是我的前球队。米兰以 1 ：0 获胜，普拉蒂像往常一样进了球。瓦

---

① Carlos Monzon，卡洛斯·蒙松，是阿根廷著名拳击手、演员和世界举重冠军。

雷表现也不逊色，球甚至击中了一次立柱，但我的身体状态不太理想，我这一生跑得太多了，如果有人在我的膝盖上装一个公里表，那么大概会读到一个天文数字吧。

瓦雷泽只是一段小插曲，我只上场了 10 次，就在初冬拉伤了韧带，然后又因为过早归队而复发。我感觉是时候结束了，将我的钉鞋永远束之高阁。其实，我已经赢得了一个俱乐部所有该赢的奖项，唯独对没在国家队内获得过冠军，抱有一丝不甘。在我 25 岁以后，国家队再也没有传召过我，1968 年的欧洲杯我也曾渴望参加，那时我正值鼎盛阶段，但生活并没有让我事事顺遂。我在国家队总共踢过 18 场比赛。

我告别了球场，但我没有忘记罗科的承诺。我当然知道，人们惯于口说无凭，那些口头上的承诺到最后也仅仅是几句场面话而已。不过对于老爹我是百分百信任的，他绝对不会退缩。他对我承诺过米兰队内会有我的位置，那么我没有理由不相信他：他可是传奇人物内里奥·罗科，一个"君子一言，驷马难追"的人。

第 6 章　特拉普教练

结束我的足球运动生涯对我来说是至关重要的一步。设想一下，一个人二十几年来一直遵循着某种生活方式，享受着较高的知名度，现在这一切突然就结束了，有人甚至会因为这种天翻地覆的改变而抑郁得病。

我没有像那些人一样面临改变而郁郁寡欢，是因为我依然在足球领域中，抱着踢球时那样赤诚的态度继续工作。另外一个秘诀是克制自己的野心，当然，我指的是过盛的野心。

当时米兰队内处于过渡期。随着时间的流逝，罗科逐渐放手了一些主教练的职务，并召回了他的老伙计马尔蒂尼，让他承担一部分工作，从这方面来讲，不难看出不久以后球队将会有大改变。坦白说，如果是为了野心，我完全可以对我的这两个老朋友使绊子，让他们下台，独享教练的头衔。可我不是爱钩心斗角的人，我并不心急，因为训练青年队员正是我成为教练需要经历的第一步，这能让我对自己做出评估，让我懂得自己是否适合教练这门职业。与此同时，总部也正在经历一个复杂的阶段，在弗兰克·卡拉罗带领的黄金时期里，米兰队收获了欧洲冠军杯和意甲联赛的胜利，之后费德里科·索尔蒂洛领导了一年，取代他的是阿尔比诺·布蒂奇，而这位的想法好像不太明确。

于是，我从青年队开始执教，一如罗科当初对我承诺的。第一年，我断断续续地在周日训练一队，我充当着罗科手下的副教练。"快脚"卢西亚诺·其亚路基的加入令人关注，而"黑蜘蛛"库迪奇尼的退役则令人神伤，他在欧冠刚开始几个星期后因为难以忍受的背疼，从此永远跟足球挥别了。1972—1973 年的意甲联赛米兰队旗开得胜，当时的米兰的确有能力为自己的球衣再添加一枚盾牌①，但在后续的阶段中情况却急转直下。球队疲劳迎战，在几次平局和战败的比赛之后，两位对手迅速地向米兰即将到手的冠军发起争夺。到了5月份，情况是这样的：米兰以44分领先，尤文和拉齐奥以43分紧随其后。5月16号，米兰将在塞萨洛尼基与利兹联队进行欧洲冠军杯的决赛，而在4天后联赛的比赛中米兰必须在这最后一轮客场比赛中取得胜利，才能有把握稳定住已有的比分，与穷追不舍的对手保持差距。

在塞萨洛尼基，我与罗科一起坐在场边观赛。那是一场奇怪的比赛，我们靠着唯一的一次进球获胜，而且还是在开始几分钟由其亚路基发任意球进的。然后我们就拼命组起铜墙铁壁守护这一得分，在剩下的时间里，我们甚至没有接触到球场的另一半。威廉·维奇拼尽全力守卫了我们的球门，他无疑是场上表现最棒的球员。来自希腊的裁判一直承受着英国球迷的嘘声和谩骂，因为在他们看来他在偏袒我们。在终场哨声吹响之后，我有种不祥的预感，我对队医说："金科，我们赶紧走，不然估计待会儿我们就得被逮捕！"

"是的，原因是持械抢劫。"

我们即将面临联赛的最后一场比赛，但命运在这个决定性时刻，让马尔蒂尼患了胸膜炎，使他不得不卧病在床，与此同时，罗科也因为在与拉齐奥的比赛失利后对裁判罗贝洛发表了不当言论，而被取消了出赛资格。那么没有了罗科和马尔蒂尼，轮到谁来担当这个场边督导的职责呢？当然是特拉帕托尼。

如此一来，我如今要以教练的身份面对那些两年前与我并肩作战的队友们，还得抓耳挠腮地让他们信服于我。总部用尽了一切办法试图推迟与维罗纳的那场比赛，但于事无补，比赛将在4天后如期举行。赢得了优胜者杯

---

① 意甲联赛的冠军球队可以在自家球衣上的队徽旁添加一枚带着意大利三色国旗的盾牌标志。

后，队员们一直庆祝到凌晨五点，他们缺乏睡眠，难以集中注意力。罗科给了我一些指示，而我需要去遵循它们。在任何时候，我们的更衣室都堆满了一箱箱的香槟，我们很困乏，但没有丝毫担忧，维罗纳不足为惧。但比赛刚开始，我就察觉到球队在场上的状态实在是太差了。

安杰洛·安奎勒蒂如同罗科交代的那样去盯防中锋齐格尼，可后者却一直在队伍后面没有前进。"鳗鱼"，安杰洛的外号，一直紧紧跟着他，但这样一来，使我们整个球队都处于暴露的状态。可我一个第三教练，如何去承担这个忤逆老爹的责任呢？仅在半个小时内我们就落后了 3 球，这真是一个我连做梦都没想过的局面。我想起了更衣室里成箱的香槟，这让我如鲠在喉。幸运的是，从罗马传来了进球的消息：尤文也不好过，与拉齐奥平分，那么我们 1 分的差距依然能保留住。在 33 分钟时罗萨托缩短了进球的距离，希望的火苗重新在我的胸膛燃烧。裁判吹响上半场结束的哨声，我们进更衣室的时候碰到了罗科教练，他是偷偷混进来的，或许是某位工作人员想让他欠自己一份人情吧。

"罗科先生，您在这儿干什么？您已经被取消资格了，如果被发现了那可就糟了！"

回应我们的是连珠炮似的咒骂，针对我、里维拉、毕贡、图罗尼和整个球队。各种脏话和方言就更不用说了。我静静地承受了罗科的怒火，而后看准时机向他提出了一些战术变化，不然我估计他会直接动手。

老爹的咒骂实际上是当头棒喝，唯有这样才能叫醒自以为获得意甲联赛冠军如同探囊取物般容易的球队。我向那些装满了香槟的箱子投去一眼，我的脑海中闪过这些才是罪魁祸首的想法。"这些该死的香槟！"我对自己说。其实我明白真正的原因是这十一人完全没有认真对待这场比赛。即使比分在 3：1，罗科决定不让任何人下场。重新扳回比赛的比分已经是天方夜谭，我们只能祈愿罗马能保持对尤文的比分，拉齐奥不能打败那不勒斯。

下半场没有任何好转。我清楚地听到索里亚诺对他的军人国家队 ① 的老战友马赞蒂抱怨："你们能不能跑慢点？这是打了鸡血吗？"马赞蒂惊讶地回应："我们已经非常缓慢了，是你们停滞不前。"

停滞不前。非常恰当的形容。马赞蒂说得非常对。我手足无措地叫喊着，我担心我那疯狂的心脏会给我来一出恶作剧。我为什么会在这儿？为什么在这一天第一次以教练的身份出席这场比赛？这或许是命运对我的报复，以前它可能对我太温柔了吧？在下半场进行到一半的时候，球队举起了白旗，彻底放弃了自己，维罗纳在3分钟内进了两球：5：1，米兰没能撑住。

一个看似荣耀的赛季在最后却将以最惨烈的方式结束，因为与此同时，尤文与罗马打成了平手。在决赛，我们把比分拉到了5：3，然而库库莱杜在罗马成功为黑白球队取得了优势，导致我们队与冠军擦肩而过，再见了，盾牌。这是一件任何人都意想不到的事情。在哨声吹响的时候，本特戈迪球场内爆发出了热烈的欢呼，而我们带着还未开封的香槟回家了。我发现没有任何人有胆量开启哪怕一瓶香槟。回程的路上，我察觉到里维拉在和其他队友在讨论什么。有人拍拍他的肩膀，认同他的说法，有人坐得远远的表示无法苟同。多年后，我得知维罗纳的一名球员在中场休息的时候向里维拉提出了交易：以米兰的比赛奖金换取平局。里维拉义正词严地回复他"我们一定会赢，仅此而已"。

赛季结束的时候，我做起了罗科的副教练。老爹是所谓的"技术总监"，通俗点来说就是老大。幸亏有他。12月，切萨雷·马尔蒂尼担任起了他的"训练指导员"，也就是那个负责每日满场子跑来跑去的苦差事。而我则辅助切萨雷，有时我会被派去国外观察其他欧冠对手，也会去训练米兰的青年队员。

---

① 意大利的国家军人足球队由现役军人组成，2004年取消法定服役后解散。

1月，新的比赛，欧洲超级杯到来了，这个殊荣由欧冠杯与优胜者杯的冠军角逐。当时是欧洲足联承认这项赛事后官方举办的第一年。

这次我们将在一周内连续两次面对阿贾克斯。距离取笑阿贾克斯队名的时候已经过去了很久。那是1974年，荷兰足球崛起的一年。我们的队员，里维拉、贝尼蒂、其亚路基、比亚索罗和马尔德拉对阵哈恩、雷普、内斯肯斯、高鲁、凯泽尔。我们以待宰的羔羊般的心情参加了这场双重决赛。无力回天。

在圣西罗的比赛双方势均力敌，让我们精疲力竭，对方是块难啃的骨头，我们也不甘示弱，其亚路基一如既往，在比赛快结束的时候打破了僵局。随后的一个星期，1月16日，在冰冷刺骨的阿姆斯特丹，我们经历了米兰史上最沉重的打击。马尔蒂尼、罗科和我在场外眼睁睁地看着我们费尽心思做的技术方案，在佐治·卢保的战术面前溃不成军，他可是全攻全守战术①的奠基者里努斯·米歇尔斯和史提芬·高华斯的弟子。那是一种全新的玩法，我们完全无法想象。6：0，超强战队赢到了超级杯，名副其实。

我们不是一支超强战队，依旧在所有事上依赖着里维拉，仿佛这些事都与我们无关似的。在这个"黄金小子②"的身旁，一直来往着各色实力不一的合作伙伴，如果再来个像贝尼蒂那样的人来质疑他的核心地位的话，那可是真是叫天天不应了！阿贾克斯有10个像里维拉这样的人，而我们只有1个，而且他的心思还在别处。这没错：被"上帝之子③"打败是注定的。

第一回合结束，我们排名第五，没什么可雀跃的。不久之后，总部将罗

---

① 全攻全守是一种足球战术理论，最开始由前阿贾克斯主教练里努斯·米歇尔斯提出；这种战术要求所有队员同时兼揽进攻与防守任务，因此对技术和体能方面要求很高，也令对手闻风丧胆。

② "黄金小子"是里维拉的外号。

③ "上帝之子"是阿贾克斯球队的外号。

科辞退，把球队的管理全权交给了马尔蒂尼负责。我留下来给他做第二教练。比赛节节败退，但我们还有希望用优胜者杯保住在欧洲足坛内的至高地位。

在进入半决赛之后，他们把我派遣到位于西德的门兴格拉德巴赫，去观察当地的足球俱乐部，我们即将在鹿特丹与他们进行最后的决赛。4月7日我在利纳特机场着陆，带着对这些德国人深刻的印象（思考着如何向切萨雷解释这些即将到来的对手的玩法），我立即看到了"闪电"皮笑肉不笑地迎面向我走来。"闪电"欧金尼奥·孔蒂是我们米兰队的全能杂工，每当他紧张的时候就会摆出这么一副勉强的表情来。我问他："怎么了？"

"没什么。我们去主席那里吧，他有事对你说。"

布蒂奇主席习惯快人快语，所以每次和他会面之后，我都会自问："我们说了什么？"却什么也记不起来。

"米兰对阵维罗纳输了。切萨雷辞职了。"

连续五次战败，我预感到变化来临，但究竟会发生什么？现在难道我成了教练？

布蒂奇长话短说，在两分钟内就告知了我一切：我成了新的技术总监，一切都会像以前一样运行，再见。万分感谢。意甲联赛已经没有胜算了，我决定全力以赴争夺优胜者杯。首当其冲的是对阵门兴格拉德巴赫的半决赛。

在圣西罗举行的第一回合，过程虽然艰辛，但我们最终以2：0赢得了比赛。第二回合，我们尽量减少损失，对方获胜，以1：0结束比赛，我们成功晋级到接下来的决赛，这次的对手依然来自德国，不过是东德。马格德堡，包含施帕瓦泽、波梅伦克、霍夫曼、塞根等队员。

在录像带的帮助下，我能即时了解这些外国球队的资讯。东德的录像资料比较难寻，但我仍旧能通过优胜者杯的录像里窥视他们：那是支有实力的球队，施帕瓦泽是一位善于移动的强劲前锋。在鹿特丹举行的决赛，与几月前那场在阿姆斯特丹对阿贾克斯的决赛相似，我们的表现与那次无二，对手一直认真比赛，身体素质也超越我们，而我们却掉以轻心。他们 2 : 0 赢得了比赛，我们自食其果，战败。

我懊恼地结束了赛季，实际上我们能做得更好，所以我又重回原来的职位：新来的教练是戴着皮帽的古斯塔沃·加格诺尼 ①。我只有 35 岁，许多同龄人还在踢球，作为一名教练我需要学的实在是太多了。尽管我做了大量转会工作，新来的有阿尔贝托西、贝特、泽奇尼、戈林和卡罗尼，离开的有施内林格、维奇和索里亚诺，1974—1975 年的意甲联赛还是成了一段过渡期。4 月，布蒂奇主席在罗马的一次比赛中，与交好的友人说漏嘴，被一位记者听到，他说："如果里维拉同意离开，那么可以和克劳迪奥·萨拉做个交换。"

黄金小子得知消息后毫不犹豫道："如果你们需要，我可以立马走人。"从此之后他就真的再也没来训练。

加格诺尼陷入了困境。他该如何是好？最后，他选择了发布声明，表示他讶异于里维拉毫无缘由的行为。里维拉在米兰对切塞纳的比赛中被剔除，红黑军团 3 : 0 获胜，然而球迷却站在了他那一方，控诉布蒂奇和加格诺尼。

主席大人并不是一个意志坚定的人。他退缩了，不久之后就宣告米兰开始出售。里维拉有意购买俱乐部的一部分股权，因此他寻求了一些工业大亨的帮助。局面一片混乱，黄金小子现在已经是布蒂奇公开的敌人，所以也被踢出球队。

我需要面对的是两难的状况，两碗水端平可不是件容易的事：我是二队的教练，可同时我也是加尼的前队友，我清楚里维拉其实并没有错，所以我只能专注于足球，两耳不闻窗外事，专心准备意大利杯的决赛，比赛即将在赛季末举行。最终，我们在罗马与佛罗伦萨角逐，那是 1975 年 6 月 28 日，

---

① 古斯塔沃·加格诺尼教练酷爱戴圆筒形的皮草帽子。

一个阳光明媚的下午。紫衣军团①带着他们的王牌安东尼奥尼、卡萨尔萨、德索拉提、卡索和梅洛。我们出战的是一支缺了里维拉的队伍，罗密欧·贝尼蒂取代了他队长的头衔，也因此为里维拉的缺席而窃喜：他终于能自由地为自家生产的红酒做宣传了，也让这款红酒每次都出现在米兰赛前的相片里。这大概是第一个在自己队内做广告的例子吧。黄金小子曾多次抱怨，但贝尼蒂并没有听取他的意见。

比赛非常精彩，我们在对手两次进球后迅速反攻，不幸的是在我们即将进第二粒球的前几分钟，罗西的头在旋转的时候撞上了阿尔贝托西。另一场失败的决赛。米兰正式进入了低迷期。我们所有人都被放了假，不知一年后会被怎样分配。里维拉重新回归，他还从布蒂奇手里购入了俱乐部的大部分股份。加格诺尼成为替补，不过我们都知道他的工作即将结束。属于我的机会再次到来。我肯定不会跟着加格诺尼走，我会留在米兰，因为那是我的家。

随着意大利杯夏季赛的开展和对阵埃弗顿的欧联赛，新的赛季开始了。然后新的打击接踵而来：加格诺尼出走了，罗科被声势浩荡地召回来任职技术总监，而我则成了教练。我开始爱上这份工作，我已经充分地了解这支球队，而且我可以信任其中的一些人来协助我。除了里维拉，还有贝尼蒂、卡罗尼（他被我们错误地称为"邪恶的埃吉迪奥②"，这外号的灵感来自《约婚夫妇》③中的一个人物，实际上他是名非常有能力的前锋），还有马尔德拉

---

① 佛罗伦萨球队的主球衣是紫色的。

② 《约婚夫妇》里的埃吉迪奥是一名毫无羞耻心和善念的人，卡罗尼的这个外号由一位体育记者冠名，因为他时常犯一些低级的错误。

③ 《约婚夫妇》是意大利著名文学家亚历山达罗·孟佐尼的名作，是意大利文学史上第一部小说，讲述的是十七世纪瘟疫时期，一对有婚约的夫妇经历种种磨难被迫分离，最终得已成婚的故事。

3 号，我们这么叫他是为了和他的两个也踢球的哥哥区分开。青年队员里我培养着出生于 1957 年的富尔维奥·科洛瓦蒂，我在林比亚泰的礼拜堂发掘了他，我觉得他非常有前途。当然，还有我们的毕贡和其亚路基。

在我的朋友金科，也就是蒙蒂医生的帮助下，训练米兰队对我来说并不难。说实话，称他为朋友远远不能表达我对他的感情，我们俩亲如兄弟。我们在两个相邻的地方长大，至今居住在那里，他住在诺瓦泰，我在库萨诺。

当我还踢球的时候，他就一直竭力帮助我，他可以说是我在足球界认识的唯一一个真心朋友。我们在业余时间还常带着我们的妻儿一起聚会。他甚至在塔洛莫内买了栋别墅，这样一来我们在夏季度假的时候也能比邻而居。

我们的友谊始于我那段疯癫的时期，那段日子里我忧虑着疯狂的心脏惶惶不可终日。当时我非常年轻，他也比我大不了多少，正在学习医生这门职业。他曾多次见证我因为心脏停搏的恐惧而陷入执念，被攥住理智，那可能只是我自己莫须有的想象，亦可能真实存在过，谁知道呢。那时他会把我叫到一边，不厌其烦地为我做心电图，然后爆笑着用方言对我说："你可走开吧，回家去，你没毛病！"

我对他有着盲目的信任，因为从我认识他起，他就永远是对的，在所有的事上百分百地占理。有时他会建议我跳过某场比赛，或是因为肌肉的毛病只踢上半场。当然，只有教练才能做最终的决定，不过当事人的意愿也有一定的影响力。如果你觉得无法胜任，那么就去跟教练说，这可以让他改变想法。实际上，事实往往是球员渴望踢每一场球赛，所以选择隐瞒真相。他往往掩耳盗铃，假装自己一切正常，说服自己上了场之后就会好起米。我必须承认，当我没有听取蒙蒂的建议，这么做了之后，就为自己的一意孤行付出了代价。有一次，我违背他的建议上场之后，被迫静养了三个月之久。他责骂了我好久。"你真是个蠢货"，这是最温和的一句。

说得对，有时我真是个蠢货。

作为教练，我老是因为他的不果断而取笑他。当我失去耐心的时候，我常仗着自己可以熟练地用他的方言对他吼叫："你可真是优柔寡断！"这种情况下他就会把我带到正在讨论的球员面前，让我亲手去触摸他，仿佛我是圣托马斯①。

"你摸摸这块肌肉有多硬，紧绷得跟条吉他弦似的"，是真的。金科，他总是引导我去了解事情的真相，而不是用高高在上的医学者的身份一味地下达指示。

---

① 圣托马斯是十二位传教者之一，以质疑任何事物，只相信自己的亲眼所见而闻名，在约翰福音中有一则关于他的故事，在他得知耶稣复活后，直言如果不亲手核实耶稣身上的伤痕，不会相信，直到后来耶稣出现在他眼前，并允许他亲手触摸自己，他才真正信服。

第 7 章　欧洲首战告捷

乔瓦尼·特拉帕托尼：我自己，正是在下，我。

我以前是谁？我曾经是名球员。

我曾是名米兰队的球员。我也是个米兰的产品。是米兰让我拥有了获得专业训练的机会，让我能穿上一件顶级球队的球衣，让我有能力帮助我母亲，让我建立了一个家；总之，有太多难以忘却的回忆。

米兰的现状也在不停地变化中。15 年很漫长，很多事情都变了，包括人。我只训练过一个赛季的米兰与我记忆中的球队已然毫无相似之处。在罗科领导的两年后，局面极其混乱。简直太混乱了。我很擅长把自己从纠纷中脱离出来，去调解，设法不伤害到任何人的利益，去转亏为盈，但我的能力是有限的。

拿加尼·里维拉举个例子。他变成了批判者，无论在场内还是场外都是一位领导者，他甚至购入了俱乐部的一部分股份，到处宣传民众持股。如果他不满意一位主席，那么就要换主席；如果他不满意一位教练，那么就要换教练。对于我，他还算满意，因为我一直和他站在同一条战线，给他传递他希望的球。或许他无法真正严肃地对待我，毕竟我们在一起踢了一辈子的球，实际上我才年长他 4 岁，或许他不喜欢我爱钻牛角尖的性格，我一旦固执起来任何人都不放过。我钻牛角尖的方式体现在几十上百页的笔记上，每一份笔记都写满了细节、备忘，能让我自己更好理解的备注；我会在每场比赛后都写上我们做得好的地方和每个不足。或许他还不喜欢我的口哨。我吹口哨的方式，两只手指放在嘴里，使劲儿吹一口气，到后来变得那么自然，甚至变成了一种本能。这口哨可以追溯到我的童年，它会让我想起爸爸。仿佛这样我就能把他带到看台上去，让他看着我，做我坚实的靠山。其次，如果说在我少年时，我听到口哨声——我不可能听不见——会立刻挺胸抬头集中注意力，为什么对于球员我不可以用这一套呢？

1976 年朱塞佩·马尔乔洛成为米兰的新教练，而我则接到了一个不甚明确的职位：协作员，副教练……这不重要。我喜欢训练球队、在看台指挥，如果我不在米兰队做这工作的话，我会去亚特兰大、圣贝内代托，或是佩斯卡拉，这三支球队都渴望请我去执教。贝尔加莫是个完美的选择：离库萨诺只有几步路，刚好可以让我的工作与家庭相契合，不用再让宝拉和亚历山德拉居无定所。当我距离点头只有一步之际，将要与亚特兰大的主席切萨雷·博尔托洛蒂握手成交时，安吉洛·卡罗利，我在《新闻报》工作的记者朋友通过电话询问我："加尼，现在你准备怎么做？即使米兰要聘请马尔乔洛，你也依然要留在那儿吗？"

"绝对不会。里维拉向我提议留在队内做些其他的工作，但我不感兴趣。我要在三支球队中选择，我大概会选亚特兰大。"

他沉默了一会儿，对我说："加尼，听我说，先不要做最后的决定。接下来的一个星期里，不要接任何人的电话，之后我会告诉你怎么做，到时我可能会带来一些你感兴趣的消息。"

结束电话后我有些好奇，卡罗利在都灵工作，他关注报道的是都灵队和尤文队。都灵，现在由我的老队友吉吉·拉蒂切训练，他们在 27 年与意甲联赛无缘之后，终于获得了冠军，因此卡罗利口中的消息肯定不是指这支队伍。剩下的就是尤文队了，我童年时心中热爱的梦之队。当时在尤文执教的是卡尔洛·帕罗拉，受所有人爱戴的倒挂金钩之王，前黑白军团的冠军，但据传言称阿涅利[①]，尤文真正的主人，并没有接受上个联赛中的失利。卡罗

---

① 安德里亚·阿涅利，是一位资产家，意大利终身参议员，菲亚特集团的主要持股人和高层决策者，爷爷是菲亚特的创始人。从 1947 年到 1954 年担任尤文的主席，后来被命名为荣誉主席，一直参与着尤文的各项决定。因年轻时毕业于法律系，因此被世人称为"大律师"。

利指的难道是黑白军团？

"你只有 37 岁，你在米兰队只训练了一个赛季，并且没有获得显著的成绩，你缺少经验……你觉得尤文会找你这样的人吗？不要异想天开了，乔瓦尼……" 我对自己说。

亚特兰大和尤文之间根本不存在选择的可能性。我只需要等待接下来会发生的事。

整个星期我都在翻来覆去地思考这件事，直到电话终于响了。

是卡罗利："加尼，推翻所有的计划吧。博尼佩尔蒂要跟你谈话！"

博尼佩尔蒂，尤文的主席。我激动得差点突发心脏病。我与詹皮耶罗·博尼佩尔蒂一起踢过国家队的比赛，当时我还是个小菜鸟，而他已经是个老球员了。我对他总是报以尊称，当我还在贝尔纳西奥拉农庄为尤文呐喊助威，在院子里踢着猪膀胱做的皮球时，他就已经是我的偶像了。一开始由他的合作伙伴皮特罗·朱利亚诺与我联系，这位对尤文的各项事宜都非常熟悉。他告知我不久后主席就会致电和我 "聊会儿天"。

博尼佩尔蒂联系我的时候，我们互相客套了一番，但他马上就进入了正题："我想你已经猜到了，但我们必须单独见面谈一谈。A4 高速 ① 诺瓦拉出口后有一家宾馆。我们在那里见面，你愿意的话明天也可以！"

就这样，我第二天就开车出发去诺瓦拉，博尼佩尔蒂的故乡。途中，我反复回想我这一生。我是这样一个人，我鲜少激动，即使激动起来也持续不了多久，我总在一旁分析考虑，思考我这样那样做了，有没有做了糊涂事，做得正确与否。

_____

① A4 高速路是意大利北部非常重要的一段高速路段，由西到东贯穿整个巴丹平原，从都灵开始，途径米兰，直到的里雅斯特。

去尤文是件糊涂事吗？可能吧。可能我适合在一个小一点儿的舞台去积累经验，那会更安稳。我本来准备从省队开始，然后再考虑后面的路怎么走，这才是我的本性：循序渐进，不得罪任何人，在只属于我自己的路上一路前进。

我一边驾驶一边想着尤文。球队有着实力雄厚的编制，并且在近几年来改朝换代。后卫西雷阿、真蒂莱在队内已经有两三个赛季了，虽然他们还年轻，但已经充分展现了自己的实力。那一年，球队还为后卫增加了新成员，从亚特兰大请来了年轻的新星卡布里尼，和来自科莫的塔尔德利——一个跟着了魔似的拼命奔跑的小伙子，在我看来他可以轻松地胜任防守，也可以胜任进攻。老队员里多的是冠军：佐夫、贝特加、库库莱杜、阿纳斯塔西、卡佩罗、考西奥。还有阿尔塔菲尼……我的老伙计何塞，他一直没有停止恶作剧和进球。他可是 38 年的，真不可思议。

我该如何领导那样一支球队？迎接我的是怎样的工作环境？我不会太年轻吗？佐夫才比我小三岁，我们差不多是同龄人，我该怎样让他对我心悦诚服？

我到达宾馆的时候，博尼佩尔蒂已经在等候着我。

"我们现在要去巴伦戈。离这儿不远，只要 20 分钟不到。跟着我。"

我们最后来到了这个世世代代属于博尼佩尔蒂家族的庄园。

"我曾经在这里饲养那些我靠尤文赚来的奶牛！"他对我说。

"奶牛？你说的是母牛吧？"我惊讶地问他。

"当然，母牛。怀孕的母牛！我每次进球就有权利得到一头母牛。我都是直接从阿涅利的农场拿来的。那是 50 年代我们的比赛奖励……"他随即对我扬起了他标志性的笑容。

"那你从阿涅利他们那里一共拿走了多少头母牛呢？"

"那可多了去了。我总共进了 178 球，不过到后来我就没有再要母牛了，因为我这儿装不下那么多头了……"

"但现在来谈谈我们的事。你决定你以后要做什么了吗？"

"我肯定会离开米兰。他们聘请了马尔乔洛，祝他好运。我有几个感兴趣的邀约，我大概会去贝尔加莫，那里离我和妻子女儿住的家比较近，对我来说是个理想的选择。那是一个小舞台，我可以锻炼自己……"

"不，不，不，你现在要做的是一件大事。来我这里，来尤文。都灵离库萨诺肯定不像贝尔加莫那么近，但其实也不是特别远。不过首先你得告诉我你要什么……"

我差点儿笑出声。"抱歉，博尼佩尔蒂，但我可能没有明白，你是在请我去尤文吗？"

"是的。"

"一队的教练？"

"尤文队的教练。一队是当然的。特拉帕托尼，不然我们在说什么呢？不过你得先告诉我你要什么。"

"什么意思？"

"你要多少薪水？"

我毫无防备，与往常一样，我从未想过金钱的问题。其实我得去想的，生活就是这样，永远不能让别人替你明码标价，可我的为人就是这么奇怪。

"说实话，我不清楚。你提议一个。"

"你觉得月薪一百万①怎么样？"

"可以，太棒了！"

"不要被我吓到，我知道这是份出手阔绰的薪水。但我们尤文的政策就是这样的：高薪，加上许多的比赛奖励。我们在意的是有野心、想赢的球员，而不是月底入账多少。对于教练同理。"

---

① 这里的一百万指的是意大利里拉。

"我很满意。不过我之前已经和亚特兰大的博尔托洛蒂做了口头协议，这对于我来说无异于签订合同……我不知道我能否接受你的邀请。你非常有说服力，但我已经做了承诺。"

"博尔托洛蒂我来解决。我们说定了。不久后我就和你商量好细节，公开这件事。祝你回米兰一路顺风。"

尤文队的教练。一队是当然的。为什么在你有机会大展拳脚的时候，要选择安稳呢？回米兰的途中，我的脑子乱成了一锅粥。

我的老师，罗科，现在今非昔比。足球，也已经不是从前那个了。那个我在 1969 年的欧冠遇到的全能球队，阿贾克斯，现在已经所向披靡，荷兰的国家队也在 1974 年的世界杯上震惊了所有人，他们宣告了属于里维拉、马佐拉和卡佩罗的时代的终结。现在足球需要的不是感性、临场发挥、宿命论，而是更多的准备，关于对手的研究，以及更加顽固的战术。我本来准备在远离镁光灯的情况下深入钻研我的这一套想法，没想到却被放到了万众瞩目的舞台中央。几日后，博尔托洛蒂，亚特兰大的主席联系了我。

"特拉帕托尼先生，我知道您去跟博尼佩尔蒂见面了，我们没有问题，相反，您快去尤文吧。那可是尤文呐。"

"老妇人 ①" 暂败拉蒂切带领的 "公牛队 ②" 后，急切地想要重回巅峰。诸如阿涅利大律师和博尼佩尔蒂这样的人是不擅长等待的。他们渴望迅速胜利，把这份重担交给了我——来自米兰尼诺库萨诺的乔瓦尼·特拉帕托尼。

需要打败的球队正是都灵队。多么壮观的一支球队！尤文有着莫里尼、

---

① "老妇人"是尤文队的外号，这个绰号主要来自于尤文队多年来的稳定成绩，加上作风沉稳、举止规范，犹如一位老妇人一样和蔼可亲。

② 都灵队的队徽是一头公牛。

贝特加、真蒂莱和弗里诺，强劲、生气勃勃、自负、玩世不恭、霸道，而都灵有着萨拉、皮济、格拉齐亚尼、扎卡雷利和普里奇，他们实践着一种非常现代化的足球，惯用压迫式打法①、短距离传球和从荷兰足球那里学来的造越位②。

博尼佩尔蒂与我"琴瑟和鸣"：他是位懂球的主席，同时对于教练也不会喧宾夺主。朱利亚诺是博尼佩尔蒂的左膀右臂，他是个非常有智慧的人。

先是与维克帕莱克，后是与帕罗拉，他们建立了一支实力雄厚的队伍，在最近的 5 年来赢得了 3 次意甲联赛冠军。他们旨在更新编制，而不是彻底推翻它。阿尔塔菲尼在赛季结束的时候退役了（他当时 40 岁了）。有两位队员让朱利亚诺和博尼佩尔蒂不满意，他们是两张王牌，球迷们的最爱。

"皮耶特罗·阿纳斯塔西，他能力很强、有干劲儿、顽强、谦虚，还有许多其他的优点……可他进球常常失手。进球太少。算一算，每场比赛他起码能接到 10 个好球……还有法比奥·卡佩罗，他也是个有实力的球员，他只有 30 岁，可膝盖有毛病。每场比赛或是训练他都是膝盖离不开冰块。我们需要找两个人取而代之。"

博尼佩尔蒂在讲的时候，我就已经在脑海里搜寻可能的替代者了。在说出他们之前，我告诫自己："你听着，加尼，如果这两个人你建议错了，那你这第一步就已经走不好了。"然后我清了清嗓子说："罗伯托·博宁塞尼亚和罗密欧·贝尼蒂。"

博尼佩尔蒂的脸瞬间白了，他看着我的眼神仿佛在说我疯了。这真是一

---

① 压迫式打法是指几个不同位置的球员或全队协同移动从对手脚下得球，及阻止对手队友协助的方法。这种战术旨在集中对持球者的压迫，不给他有效传球的空间和时间，从而破坏对方战术。

② 造越位战术是指在进攻方传球前的瞬间，防守方球员突然全线压上，使目标球员处于越位位置。

个好的开头。

"博宁塞尼亚 33 岁了！贝尼蒂我们等会儿再说。跟我解释一下为什么是博宁塞尼亚。"

"因为他和阿纳斯塔西最大的区别就在于他能进一连串的球。他是比皮耶特罗老，但，天呐，他在尤文肯定能迎来第二春。只要不让他缺少传球，他能把球门给射穿咯。"

主席反复斟酌了我的话，脸上带着他那礼貌又不失狡猾的微笑，让人看不出他到底是在赞许我还是厌恶我。然后他神色一凛，掏出了一个小记事本。

"关于伯宁拔①，我同意。我会马上跟弗莱佐利联系。国米很中意阿纳斯塔西，他们向我问了不止一次。我们可以做个交换。希望他们已经没有在为塔尔德利的事情而生气了。去年他差点就跟他们签约了，但后来我们说服了他来我们队里。我不能向你担保什么，但我会去尝试。现在，麻烦你说一说贝尼蒂的事。他在多年前就在队内踢过球，我们尤文从不吃回头草。这是我们的政策。如果我们当时让他走了，肯定是有理由的。而且，得了吧，卡佩罗他是个足球上的艺术家，一个有天赋的人。贝尼蒂，他踢球的方式就像个工匠一样，即没有艺术细胞，也没有天赋。"

"博尼佩尔蒂，我训练过贝尼蒂，我知道我在说什么。他很强，非常强。如果把他挖来，我们能赢得所有比赛。"

他用奇怪的眼神望着我，仿佛又在想"这人是个疯子"。但如今他已经与我签了合约，不可能再将我退回去了。

---

① "Bonimba"伯宁拔是一名体育记者给博宁塞尼亚（Boninsegna）取的绰号，这名记者在初见他时认为他头大腿短，与一位杂技演员，名叫拔供基（Bagonghi）的侏儒相像，所以用他们俩的姓给他取了绰号"Boninsegna-Bagonghi"，后来逐渐演变为了伯宁拔。

关于米兰队，意甲联赛已经结束，还剩下意大利杯的最后阶段。我觉得我不能再继续粉饰太平了，我决定去见新的主席杜里纳，向他递交辞呈。我已经是当年第二个辞职的教练了。米兰被交到了巴里森的手里，而我则可以正式宣告成为尤文的新教练。

从一开始球队就展现出了纪律和尊重，这就是闻名的"尤文风格"。我来到都灵城发觉到的第一件事，就是它和我的老东家，米兰俱乐部，截然不同的经营方式。在这里人们谨慎行事，任何消息都不会泄露。如果在球员中出现了意见分歧，博尼佩尔蒂本人会在第一时间出面调解，他会帮助我解决事情，但谁也不会想到去跟媒体透漏什么风声。

在米兰俱乐部恰恰相反：一大群米兰或者国米的记者"朋友们"会想方设法地挖掘出点儿幕后八卦来。这其中许多都是假情假意地以朋友自居的人，实际上只是为了获得一些所谓的大新闻，好写在《米兰体育报》或《晚邮报》上，可那些其实连新闻也算不上。对于媒体，米兰的球队历来深受其害，他们也从未有能力找到合适的交流方法。这更加彰显了黑白军团的风格，它能让人完全安心地努力工作，不惧怕每天早晨翻开的日报。

说到报纸，体育媒体普遍不信任我。他们评论我过于年轻，在纳入球员上押错了宝。与此同时，我跟博尼佩尔蒂谈的两名交换球员也到位了，博宁塞尼亚和贝尼蒂在大众的质疑中来到都灵城。

最初的两场友谊赛，我们的比分是 0：0，并没有过多惊艳，所以舆论的喉舌借题发挥，向我发起攻击。让他们去说吧，这是他们的工作，而我的工作是领导尤文，从训练伊始，我就发现我手中掌握着无限可能。我最钟爱马可·塔尔德利，他是个真正的王者，即使他只有 22 岁。他左右脚切换自如，在场上来来回回地奔跑，从不喊累。在前一年，帕罗拉将他用作右边后卫，不过我觉得他在任何位置都是一把好手，无论是攻击型、防守型前卫，还是边卫都能胜任。总之，他可以说是万金油。

阿涅利是个唯美主义者，他在足球里也想寻找美感，他时常赞美奥马尔·西沃里，是所有披过尤文战袍的足球明星中最独树一帜的一位，他曾在1961年获得过欧洲足球先生。如他这样的球员可遇不可得，因此，我们开玩笑地说，只能满足于贝特加和塔尔德利了。

阿涅利大律师会在清晨六点半打电话给我，确切地来说，通常不是他打给我，而是他的管家，可怜的管家呀，天知道他是几点起床的。第一回发生时，我措手不及。后来第二回，第三回，我想着这可能是他的习惯，于是把闹钟调到了六点二十五。我可不想半梦半醒地被大律师抓个正着！

"特拉帕托尼，最近怎么样？"然后我就会向他报告谁最近状态很好，谁不好，他会对我提一些充满好奇和热情的问题，而我会一一回答他，我让他感到满意。

看来维克帕莱克和帕罗拉之前似乎不愿意和大律师谈论关于足球的问题。他们更喜欢和博尼佩尔蒂交流，因为他踢过球，所以一直是属于他们的世界的。我可以理解有些人会这样揣测阿涅利："他一个造车的亿万富翁，怎么会懂足球呢？"事实恰恰相反，他何止懂足球，他还会为未来需要纳入哪些球员提建议，他在各个方面关注着世界足坛，甚至诅咒意足协禁止签约外国球员。他渴望不久后能重新踏出国门，去挖掘足球新星，这件事让他兴奋。

我很乐意与他谈话，因为他是个非常出色的人，而且在某种意义上，也很可爱。他来到更衣室的时候，对所有人一视同仁，不论佐夫还是仓库管理员。他深爱尤文队，并且独具慧眼地经营着它。当时意大利的经济和时局都不理想，因此他投入亿万资金时，心情也不轻松。每次我向他提议一些昂贵的签约，他都会对我说："这太贵了，菲亚特有几千工人领着失业津贴[①]。您可以换一个球员吗？"如果他用高价签下了一位王牌球员，其他球员的价格

---

① 意大利的宪法规定，被解雇或者被减少工时的劳动者，有权申请国家给予的失业津贴。

就必须足够实惠，才能平衡支出。

我通过在训练上的一些创新，让球队的情绪高涨。我不是业界灯塔般的存在，也不是个疯狂的天才，我只是善于将我那些笔记用于实际。在那上面我一丝不苟地记录着如何定点进球，在哪些情况下能成功进球，在哪些情况下不能。

球队认真地听从我的指挥，他们在我的指导里找到了方向，在意甲联赛一开始就带给我和球迷们显著的成果：在头 7 天的比赛里无往不胜，7 场比赛全部告捷。不过问题在于上一季的冠军，都灵队，也与我们相差无几。我们进入 12 月 5 日的德比时（第一轮的第八日），即使之前的比赛全部获胜，也才仅仅领先 1 分。那是两支势均力敌的球队之间一场精彩绝伦的对决，最后我们不敌"进球双骄"格拉齐亚尼和普里奇以 0∶2 战败。但是，伴随着这巨大的失落的同时，也证明了我带领的是一支团结且有能力直面都灵队的队伍。我们有实力，有决心，我们够格。

那两个我强烈要求的球员，贝尼蒂和博宁塞尼亚也展示了他们不可或缺的地位。这两名成熟的球员，没在任何一场比赛出过错误，真切地用实际行动报答了我的信任。博宁塞尼亚常替补上场，代替了前一年的阿尔塔菲尼的作用：当对手开始略显疲态的时候，我们就会放出这张王牌。贝尼蒂如同在米兰队时一样状态饱满，他的心脏和肺活量在足坛少有，如同德军的 10 号坦克一样威猛。

总部向我们施压，要求我们同时也要重视欧洲联盟杯 [①]，因为尤文是意

[①] 欧洲联盟杯，也称欧霸杯，在 2009—2010 赛季改变赛制，并更名为欧足联欧洲联赛杯，简称欧洲联赛。

大利拥有最多意甲联赛冠军的俱乐部，可从来没沾过欧洲冠军的边。坊间流传着一些极具想象力的传闻，这些是球迷们和记者们，还有球迷—记者们最善于捏造的，比如"尤文不是一支能达到国际水平的球队"等等。压力越发大了起来，与都灵队角逐的同时，还需专注于每周三的联盟杯，这不是件易事。

联赛的战况一直起起伏伏，我们赢一局，都灵队赢一局。其他球队隔岸观火，而都灵城则陷入了被恐怖分子①统治的恐慌。其实菲亚特一直承受着一些非法分子的关注，恰好那时整个都灵城正义人士的注意力都集中在了每周日扣人心弦的德比上，被一些心怀不轨的人找到了时机。

第二年春天，阿尔贝托降生了，比亚历山德拉小12岁。在一小段时间里，家里"沐浴"在亚历山德拉的妒火中；宝拉那阵子可忙坏了，她需要同时照顾刚出生的儿子和一个快要进入青春期的女儿。如果有人相信缘分的话，阿尔贝托在3月17日出生，和我一样。而如果有人信奉"有其父必有其子"的话，那么可就大错特错了，他大概是我前世的仇人：我把我整个人生都倾注在足球上，而他却对足球毫无兴趣，只寥寥几次在意大利队比赛的时候跟我进过观众席。在他小的时候，我会带着他去陪我训练，企图让他产生兴趣，可当我慢慢地向他传球时，他却只顾着发呆，眼睁睁看着它从脚边滚走，仿佛那是世界上最无趣的事。遗传这回事，有时也会骗人……

与此同时，联赛的情况依旧难分难解：两支队伍各43分，而离比赛结束只有4天了。很好计算，这意味着我们在26场比赛中仅仅丢失了9分。这节奏可以说是变态般的好，足以在联赛中大杀四方。都灵队，幸也不幸，在联盟杯中被踢出局，而我们一步步地逐个击破了两支来自曼彻斯特的强

---

① 这里指红色旅，意大利极左恐怖组织，宗旨是对抗资产阶级，在70年代兴起，制造了一系列绑架资本家和炸毁工厂等事件，1976年菲亚特一家工厂被红色旅炸毁。

敌，进入到了对阵毕尔巴鄂俱乐部的双决赛。在几天内我们即将结束赛季，但我充满信心：我有一个爱拼的团队，我承认，我们还需要战胜一些阻碍，但我能预感到一切都会如愿地进行。

足球协会允许我们在 4 月 30 日，也就是周六比赛，使我们不至于在对毕尔巴鄂的第一回合中过于疲惫，这场比赛将在 5 月 4 日举行。我们在上一场比赛中与佩鲁贾打成了平手，而公牛队则击败了维罗纳队，反超了我们。

我们的对手是那不勒斯，当时大雨倾盆，草地泥泞不堪，两支球队在场上蹒跚跛行。开始几分钟后贝尼蒂就进了一球，我们习惯了胜利。在上半场一切皆在掌控之中，第二场的大部分时间也同样，可那场比赛是场十足的体力赛。结束前 10 分钟，那不勒斯在马萨的进球下成功追平，整座球场瞬间陷入了寂静。我们不能容许连获两次平局。公牛队的赶超如影随形，在这意甲联赛结束前的最后三天，球队还需比两场联盟杯的决赛，我担心这突如其来的平局会给球队造成过大的心理打击。幸运的是，足球，这个美妙的运动，在结束前 4 分钟，给我带来了这一生中最大的欢喜。在一个个挣扎于泥潭的球员中，在诸如贝特加、考西奥、塔尔德利，和球场杀手博宁塞尼亚中，足球之神派了谁来救我于水火？是他，福里诺，那位最不擅长精致活儿的、伟大又渺小的贝佩·福里诺，联赛的中场上最低调的奔跑者。一天后，都灵队在自家的主场与拉齐奥打成了平手。不过当时我们可没时间来计算比分，当务之急是联盟杯的比赛。

第一回合在都灵城举行，1：0，塔尔德利在开场进了球，全场比赛的节奏被我们掌控得很平稳。在第一回合仅领先一球，并不足以让我们安心地踢接下来的第二回合和意甲决赛，但巴斯克人①是个强队，对付他们可不是件易事。第二回合进行的时候，我们刚在三日前打败了罗马，而四日后即将

---

① 毕尔巴鄂竞技俱乐部位于西班牙东北的巴斯克地区，所以也被称为巴斯克人。

进行意甲的最后一场比赛，公牛队依然落后一分，"命中注定的维罗纳"的噩梦也在 5 月失眠的夜晚里时刻光顾着我。在最后一场比赛中与意甲冠军失之交臂的梦魇，我已经在米兰队的看台上深切地体验过了，我坚定的目标是不让这种遗憾再次重现。如果说足球之美在于它的不可预见性，即使表面上看似水到渠成也可能顷刻转变，那么更美好的就是将苦心经营的硕果成功带回家。

与毕尔巴鄂的第二回合终于来临了：在数分钟后，我们杰出的贝特加，"进球王博比①"，一个鱼跃顶球旗开得胜。我们 1 : 0 领先。很好，只不过我们似乎得意得太早了。我们还剩下大把时间才能结束比赛，可巴斯克人已经被我们彻底惹怒了。于是，11 分钟的时候，右边锋丘鲁卡成功追平。我们还要承受 80 分钟的折磨。我们尝试着用战术拼过他们，塔尔德利当时的状态非常好，而且在他状态好的时候，全队的合作都会跟着变得更好，但是巴斯克人把我们困在了自己的半场内。我眼前仿佛重现了塞萨洛尼基那场米兰对利兹联的比赛，这场比赛简直可以比喻成《阿帕奇要塞》②。离比赛结束半小时的时候，我换下了博宁塞尼亚，让后卫斯皮诺西上场。

对此，一些记者断章取义，到处散播我是个只看重防守的教练。这绝对不是真的，只是当时的情况特殊。我忧心巴斯克人迟早会连进两球，成功夺得奖杯。整场比赛下来，博宁塞尼亚一直被孤立在场地前方，无法接到从后方包围区飞来的长传球。斯皮诺西的加入增加了我们队的防守力度，当然，这也导致尤文从前方区域彻底消失，把进攻的主动权拱手让给了对手。贝特加的行为让我感动：他做起了中卫，甚至还表现得不错。一个王者，即使做

---

① 博比是贝特加的昵称，原名为罗伯特。

② 《阿帕奇要塞》又名《要塞风云》，是美国 1948 年上映的一部电影，主要讲述阿帕奇保留地的印第安人与巡逻骑兵发生冲突，最终骑兵无法抵抗印第安人的攻击，英勇赴死。

的不是自己的本职工作，也能非常出色。结束前 10 分钟，卡洛斯进球，比分 2：1，但得幸于客场进球的规定，我们依旧领先。只需要再忍耐 10 分钟。当我在看台上煎熬地祈祷时，我就知道那将是我一生难忘的一场比赛。

裁判的哨声吹响，结束了那场折磨，也释放了尤文第一次国际比赛胜利的无限振奋，这是我们多年来翘首以盼的胜利。老妇人只能够在意大利足坛称霸的诅咒被攻破。

那是 1977 年 5 月 1 号，4 天后我们带着领先公牛队一分的优势，来到了意甲联赛的最后一场比赛：我们 49 分，他们 48 分。只要在热那亚赢了对桑普多利亚的比赛，我们就能遥遥领先。

桑普的目标绝非平局，他们只有打赢了才能不被降班。我们在马拉西球场势必也要面对一场硬仗，然而球队很疲乏，我还指定了先前对阵毕尔巴鄂相同的十一人比赛……但就在最后的 10 分钟，贝特加和永恒的博宁塞尼亚射入了卡西亚托里守护的球门，意甲冠军被我们纳入了囊中。

一时间，属于黑白军团的都灵爆发出胜利的狂欢。我们全员挤在由大巴拖着的一辆小车上，游街绕了都灵城一圈。被都灵队夺走冠军的污点被我们洗刷了，尤文重新奠定了自己的地位。博尼佩尔蒂、朱利亚诺和阿涅利是最满意的：第十七个盾牌，和几日内就在联盟杯排名第一位。当初选择特拉帕托尼对于他们来说非常冒险，充满未知性，但现在他们满载而归。当初我在里维拉的米兰队误打误撞地当上教练，那些苦日子似乎已经是很久以前的记忆了。

第 8 章　颠覆尤文的 10 年

我在尤文图斯队的时间长达十个赛季之久，我们赢得了所有比赛：六个意甲冠军、两座意大利杯、一座欧洲优胜者杯、一座联盟杯、一座欧洲超级杯、一座洲际杯，甚至在 80 年代由第五频道 ① 举办的俱乐部超级杯，我们也获得了一座 8 月赛季的奖杯。当然，我们在 1985 年也收获了欧冠杯，鉴于当时在海瑟尔球场发生的惨案，这座奖杯虽被人觊觎不已，我却希望从未赢得过。我曾无数次幻想在雅典赢得了对阵汉堡的那场决赛，而不是在布鲁塞尔与利物浦对决！每当我回想起在我运动生涯中获得过的荣誉，我都能体会到一种奇特的感受，其中混杂着满足和不安，而这不安正是海瑟尔球场内的亡灵带给我的阴影。对于我来说，我缺少一座正常的欧冠奖杯，一座以正常的足球竞赛和规则赢来的欧冠奖杯。但需要承认的是，在比赛当时，我们并不知道真正发生了什么，球场上两支比拼的队伍也是使出浑身解数想要获胜，那是一场真正的比赛。

在意大利，被免去职位非常容易，一位教练在同一个俱乐部里连续任职10 年，可以说是一项纪录了。1976—1977 赛季，我们在总共 60 分的联赛积分里拿到了 51 分，并且赢得了三大欧洲赛事的全部冠军，这也是一项纪录。

回忆起这 10 年的时光，我没有留恋，但内心确实是感到一丝骄傲的。我喜欢一丝不苟地重复，球队有着非常复杂的结构，只有每个零件都百分百履行自己的职责才能完美地运作。如此，荣耀是我的，但不只是我的。我任

---

① Canale 5，意大利第五频道，是意大利 Mediaset 私人电视集团旗下的一个电视频道。

职期间，总部给予我的条件非常优渥。博尼佩尔蒂和朱利亚诺是我最得力的伙伴：他们非常敬业、目光长远，而且不满足于现状，永远渴望胜利。在我当主教练的这 10 年间，来来往往的各位球员都很重要，他们也和我建立了深厚的友谊。

我在都灵的生活非常忙碌，没能让我深入地了解这座城市：我的住所离训练场只有五百米，离总部也很近，所以我常常一结束会议，就直接去跟博尼佩尔蒂和朱利亚诺讨论当天发生的事和球员的状况。有一位踢过球的主席真是一大优势，他能充分地懂得球员和教练的处境，我们有时会在晚上九点之前结束一天的工作，但这种情况极少发生。我们的妻子已经习以为常，她们会在家里等待我们，准备好重新加热的晚餐。

在那 10 年里，许多人爱过我，同样也有许多人口诛笔伐，把我描述成一个只会链式防守的家伙，一个毫无想象力的足球教练。那时，罗马队在我的老朋友利德霍尔姆的执教下，带领诸如法尔考、孔蒂、内拉、普鲁佐等球员无往不前，我在应对他们在积分榜上对我们发起的冲击时，还时常需要面对来自媒体的抨击。毋庸置疑的是，当时的罗马提出了一种非常特殊的足球战术：除了区域防守之外，剩下的球员都实行纯盯人防守，他们惯于率先出击，并创造出一个密集的传球网络用于迷惑对手，而我们——用某些自以为是的人所说的话来讲，代表着意大利的传统足球（仿佛这是件值得羞愧的事），只是一群注重实用性，而且头脑简单的肌肉男。

卡梅洛·贝内，一位出名的话剧演员，老在电视节目《周一评论》[1]对罗马队的"天蓝区域"[2]阿谀奉承，同时抹黑如同工人般踢球的尤文队。"天

---

① 《周一评论》是意大利国家电视台的一档足球评论的电视节目，1980 年开播一直到 2016 年，每个意甲比赛后的周一播出。
② 罗马队的主球衣是天蓝色的。

蓝区域"适合描写天堂，他正是用此来比喻利德霍尔姆麾下的罗马队，是有资格呈现给上帝的足球表演。我向来不受文人墨士的喜欢。他们不喜欢我，但我也不喜欢他们，我们是两个世界的人。平心而论，我的尤文在进攻上拥有普拉蒂尼、博涅克、贝特加和保罗·罗西，能胜任全场位置的塔尔德利和卡布里尼，还有西雷阿这样一个与时俱进的自由人，他们是如何得出"这是支不擅长进攻的球队"这样的结论的？一个说出这种评论的人，对足球一窍不通。

在经历上个赛季的 51 分后，任何人都可能担忧我们复制不了过去的辉煌。但我不会，大概我是个不谙世事的人吧。有时我会怀疑我能获得如此多优异的成绩，恰恰是因为我从不回首过往。在我的道路上勇往直前，如同无畏的人们，或者是愚钝的人们。谁知道呢。

重复一个像 1976—1977 年那样璀璨的赛季简直是天方夜谭，其次，总部将重点放在了欧冠上。品尝了联盟杯这个前菜后，总部的胃口大开，想要赢得这个欧洲足坛人人趋之若鹜的最大杯赛，这个想法撩拨着每个人的欲望，上到阿涅利，下到替补队员。

我和博尼佩尔蒂达成共识，不对球队的内部结构做大改动，只签约了 3 名 20 出头的小伙子：皮尔特罗·凡纳，亚特兰大队敏捷的右边锋；维尼乔·维尔扎，来自维琴察队的前卫；还有最重要的线锋箭头皮特罗·保罗·维尔迪斯，一个来自卡利亚里队非常有前途的后起之秀。主席为了得到维尔迪斯的转会同意做了大量的工作，因为这个小伙子宁死也不愿意离开撒丁岛①。

"这孩子深爱他的家乡，你懂吗？有点像吉吉·里瓦……"

---

① 撒丁岛是一座位于意大利西南方海域的岛屿，是仅次于西西里岛的地中海第二大岛，连绵的海岸线吸引着全世界的游客。该大区的首府是卡利亚里。

"里瓦可不是撒丁岛人，他和我一样来自米兰郊外……"我嬉笑着回应。

博尼佩尔蒂清楚我需要维尔迪斯给进攻小组注入新鲜的血液，博宁塞尼亚如今已经 34 岁了，我想在贝特加身边安排一个尚待成长的年轻人，所以博尼佩尔蒂即使遭受了维尔迪斯的一口回绝，也没有气馁。趁着在圣泰雷萨加卢拉①度假的机会，主席多次与卡利亚里的同行德罗谷②会面，但未能成功见到维尔迪斯。

通过电话，博尼佩尔蒂不可置信地对我说："维尔迪斯在躲着我，你敢相信吗？他为了逃避我而销声匿迹，而且德罗谷还包庇他。这个世界真是疯狂。你确定你一定要他吗？我跟你说，我已经有些不耐烦了，我快要失去耐心了。这样一匹不羁的野马，你要怎么驯服他？"

"詹皮耶罗，我需要维尔迪斯。如果真的谈不成的话，那我也会死了这条心。但是，如果你还有一丝耐心的话，请你耗尽它，把这个孩子带到都灵来。后面的事，我来操心。"

很久以后，我才知道这小伙子不愿意搬来都灵还有个重要的原因，是他丧夫的母亲。在某种意义上，他的遭遇与我的相似，在足球生涯的最初，我也曾因为同样的原因有过很多顾虑。

最终我们的交易达成，9 亿的支出加上另外两个小伙子的转会。维尔迪斯的性格内向且骄傲，让他融入集体显得很艰难，不仅如此，他还染上了传染性单核白血球增多症③，这让他远离球队很长一段时间，不过总的来说他还是发挥了作用。

在那段时间，意大利足坛两大人物脱颖而出：我们队的安东尼奥·卡布

---

① Santa Teresa di Gallura，圣泰雷萨加卢拉，是撒丁岛北部萨萨里省的一个市镇。

② 德罗谷是当时卡利亚里足球俱乐部的主席。

③ 传染性单核白血球增多症是一种传染病，可通过唾液传播，主要发生在青少年身上。

里尼，他与库库莱杜争夺了首发队员的名额；还有一个就是来自维琴察俱乐部的强力中锋保罗·罗西，以 24 球傲居最高得分手的位置。他的合约一半属于维琴察，一半是尤文的，在未来我计划让他和贝特加双剑合璧，率领我们队的进攻。正是罗西所属的维琴察队，成了我们一块难啃的骨头，如同拉蒂切带领的都灵队一样。

那个赛季，有许多让我难以忘怀的理由。首先是我们胜利了，其次，是一件我亲身经历的事件：1977 年 10 月 30 日，佩鲁贾对尤文比赛时，年轻的雷纳托·库里不幸突发心梗长辞人世。我深刻地记得，当时佩鲁贾队正在发界外球，库里为了接到队友的球靠近了我的看台。忽然，在没有任何人阻挠他的情况下，他在离我仅仅三米的距离，如同被雷电击中了似的倒在了地上。贝尼蒂、贝特加和西雷阿赶来援助，可完全束手无策。两队的队医到了，但他们似乎还要拖延很久，于是我决定查看到底发生了什么事，我看见那个小伙子已经失去知觉，试图让他苏醒也毫无反应。后来他们把他抬上了救护车，比赛结束的时候，我们得知他最终没能挺过来。

我们领先维琴察和都灵 5 分获胜。至于欧冠的旅程，开始得不错，我们抽到了一些很有利的对手，然而却败给了比利时的布鲁日队，主帅是恩斯特·哈佩尔，他大约是当时欧洲最顶尖的技术指导员。我和哈佩尔相识已久，在开始教练生涯之前，我甚至还特地去鹿特丹观察过他如何训练费耶诺德队。我在那儿待了一个星期，试着搞懂他怎么准备球队，他对我也没有保留。他是个既暴躁又温柔的人，一个名副其实的铁腕教头，每日都给球员施以魔鬼训练。当他成为我对手的时候，他通过精湛的造越位战术压制了我。第一回合我们 1：0 取胜，第二回合我选择了全方位覆盖的首发队员，由斯皮诺西代替弗里诺的位置加重防守，进攻则由凡纳和贝特加负责。比赛难分难解，进入到了加时赛，最终他们在下半场第十三分钟进了决定性的一球。

这是那个赛季最大的遗憾。真可惜，我们得到过很多进球的机会，但把球带到球门前不是足球的全部，你必须得分。或许让博宁塞尼亚在替补位不是最正确的选择吧，我让他在加时赛代替了凡纳的位置，但那明显不够。

我迅速遗忘了哈佩尔，而命运让我们再次针锋相对，在1983年的雅典欧冠决赛上重逢时，他已经是汉堡队的主帅了。他再次击败了我：如果说我特拉帕托尼有个克星的话，那么肯定就是恩斯特·哈佩尔。

1978年，世界杯在阿根廷举行。贝阿尔佐特执教的国家队向尤文借走了整整9名队员：佐夫、真蒂莱、库库莱杜、西雷阿、贝尼蒂、塔尔德利、考西奥和卡布里尼，卡布里尼当时还没被我编入固定的首发队员内。我为队内11员中有9人被选中出战阿根廷而感到骄傲，同时也有些担忧出现伤员、工作过于繁重、负担过大的可能性。

我找到博尼佩尔蒂，对他说："主席，我想了想，不如我直接去阿根廷看世界杯吧。我的队员们差不多都在那儿，我要亲眼看着他们才安心。拉蒂切也和我一起去。"

"你确定你要和都灵队的主帅结伴去阿根廷吗？"

"没错，吉吉虽然是都灵队的主帅，可他也是我的好友。他也有半个球队的队员在那儿，我们两个都需要盯着这些人不让他们犯糊涂。离开自己的妻子一个月，在世界的另一头踢球，你知道通常会发生什么……"

"难道你们会带上你们的妻子吗？"

"当然不！"

"那你们还是担心担心自己，不要做糊涂事吧！"

我和吉吉表现得规规矩矩，我们观看了所有意大利国家队的比赛（那可真是个完美的国家队），再次欣赏了荷兰人精彩的足球技艺，我们放纵自己享受了几次阿根廷烤肉的饕餮盛宴，也第一次听到了迭戈·阿曼多·马拉多纳这个名字，当时他还是个未成年的孩子，可我们清楚他未来会踏上远大的征程。

当然，我们必须假装忽视当时阿根廷的政治和社会时局。意大利媒体对于国家队参加那次世界杯而大张挞伐，其实言之有理。那个国家的独裁政府疑似对反对分子做出了骇人听闻的罪行，如 1962 年我在智利所见，体育赛事也只是被当作政治宣传的一部分。

从足球的角度上，我不得不佩服贝阿尔佐特两次铤而走险的选择，他真是出人意料，在第一场比赛就将卡布里尼和罗西提拔为首发队员，并没有为了稳妥而选择被大家看好、经验也更加丰富的马尔德拉和格拉齐亚尼。一场场扣人心弦的比赛下来，意大利排在了第四名。

回家的时候，我的球员们一个个都体重不足，因此我给他们额外放了一周的假。15 天后，我们开始着手准备意甲联赛。我的队里新添了名冉冉升起的球星：安东尼奥·卡布里尼，21 岁，曾经担任过前锋，被我调教成了万金油后卫，也在刚刚结束的世界杯上，被公认为最令人惊喜的黑马。

1978—1979 赛季没什么值得称道的：我们没有签下任何的新成员；菲亚特让一大批人领了失业津贴；欧冠杯第一轮，对阵格拉斯哥流浪者队我们就被淘汰了。我们正在走下坡路。

2 月，在训练的时候，我接到了一通电话。

"是蒂托·罗科先生打来的。"

蒂托，老爹那学药理的儿子。我开始担心，因为不久前我得知我的师父，他的身体状况不是特别乐观。

"加尼，你好，打扰你了，但我父亲刚刚走了。"

这是个难以描述的时刻。罗科对于我的意义远远超过一个前教练。他在我心里是家庭的一员，那个属于我的世界由包括他在内的一小群人组成。将他称之为父亲，都不足以表述我对他深厚的情感。他不是我的父亲却胜似父亲，这一点让我更加喜爱他。

我立即启程去的里雅斯特，那天海风呼啸，布拉风①时速150公里。里维拉如同行尸走肉，我从未见过他如此颓废萎靡。"在最后的几年里，他过得也不安稳，可怜的老爹。"他对我说。

是真的，米兰队长时间以来一直是个一触即发的火药库，所有经历过那些日子的人，比方罗科、里维拉和我，到最后都付出了相应的代价。

老爹的灵柩由4个球员抬着，里维拉在第一排。米兰正准备赢下联赛，可罗科再也不会为此而欣喜了。

意甲联赛，我们最后仅位居第三，幸亏我们在意大利杯的比赛中打败了巴勒莫，用这场胜利稍稍平衡了联赛的失利。维尔迪斯穿上了首发队员的战衣，整个赛季都表现得非常出色，博宁塞尼亚鲜少出赛，老队员们的表现一如既往的稳定，佐夫、真蒂莱、西雷阿、塔尔德利、贝特加，尤其是卡布里尼，更是有望成为欧洲大陆上顶尖球员的一员。

我发觉整个球队，似乎从阿根廷世界杯回来之后就被掏空了心思，是时候要做些改变了。

眼看着维琴察无力回天，惨遭降班，我三番五次地要求总部解决保罗·罗西共同所有权的问题，可博尼佩尔蒂和维琴察的主席法里纳无法达成共识。讲到实际的价钱问题上，法里纳给我们提了一个完全天马行空的数字：他居然狮子大开口，为了半份合约跟我们要价6120亿里拉。另一方

---

① 布拉风是亚得里亚海东岸的一种干冷东北风，在的里雅斯特尤为常见。

面，为了不被迫踢乙级比赛，罗西被借到了伊拉里奥·卡斯塔格内的佩鲁贾队。

如此一来，在进攻上我就只能倚仗维尔迪斯和贝特加。贝尼蒂和博宁塞尼亚这两个开场幸运星离开了，我们给球队添加了新的活力，四人都在亚特兰大初露风华：守门员卢西亚诺·博蒂尼代替佐夫，两个中前卫切萨雷·普兰德利和罗伯特·塔沃拉，还有边锋多米尼克·马洛基诺。最后这位是个特立独行的人，年轻、帅气，但没有牺牲精神。因为他的父亲以售卖奶酪为生计，因此常被人戏称为"卖奶酪的"。他外向、风趣，但也不服管教，曾不止一次惹恼我，他对总部给他开的罚单不以为然，有一次更甚，他在我们凌晨出发去踢客场前没有来报道。

"买奶酪的没来，教练。我们给他打了电话，他还在家迷糊着呢。现在该怎么办？"

"去他家把他提溜出来！"

"乘着大巴去？"

"是的！"

就这样，大巴载着全队成员去了马洛基诺的家里。我们找到他时，他还穿着鞋子在床上呼呼大睡。那次我可真是气炸了，批评了他好久，其实我暗地里是有点喜欢他的。他象征着那个阶段的意大利足坛，逍遥自在又天真烂漫。他有着过人的身体素质，当他从横边界区域开始狂奔，就无可抵挡。如果他加倍努力的话，势必会成为一个绝对的王者。

无论对于我们还是对于意大利足坛来说，那都是一次糟糕的意甲联赛。第一轮比赛可谓是灾难性的，这场灾难的高潮发生在圣西罗球场，当时我们对阵国际米兰，对方有着阿托贝利和贝卡罗西，最后我们以 0：4 惨淡收场，但后来我们在第二轮比赛中扳回了成绩，落后蓝黑军团次居第二。尤其是那年春天爆发了臭名昭著的"黑色足彩事件①",拉齐奥队的曼弗瑞多尼亚和乔尔达诺、米兰队的阿尔贝托西等人被捕。保罗·罗西也趟了这摊浑水,被取消参赛资格两年。

欧洲优胜者杯,我们的成绩也不理想:我们进入到半决赛,对阵来自伦敦的阿森纳,他们在最后一分钟进球,将我们踢出了决赛。那个得分是个完全可以避免的低级错误,真是愚蠢至极。我在更衣室的怒吼震耳欲聋,让墙壁都抖了一抖。

那可真是一段黑历史,我在尤文队内第一个没有赢得任何奖杯的赛季。

在我关于阿森纳双决赛的笔记中,有一个人格外引人注意,那就是他们的7号球员,一个25岁的爱尔兰人,他就像是个导演一样,对全局有着精准的掌控力,这个优点非常实用:他站在场中央,睿智且准确地将球一个个分布出去。他的名字是里亚姆·布拉迪,在英国已经颇有名气。第二年,意足协终于打开了国门,每支球队被允许雇用一名外籍球员,博尼佩尔蒂和我决定聘请他。他肯定不如鲁梅尼格、达格利什、济科、肯佩斯、西蒙森这些球星那样出名,但在我看来,他对于尤文来说是对的人。

事实证明,他确实是个绝佳的选择:他是个职业模范,里亚姆完美地适应了"尤文风格"式的足球运作。两三年后,我们为了聘请普拉蒂尼和博涅克,不得不转让第三位外籍球员,他毫无怨言地接受了,他还问了我:"谁会接替我的位置?"

"普拉蒂尼。"我回答他。

"教练,虽然离开尤文让我很遗憾,但普拉蒂尼的加入肯定是值得的。"

---

① 意大利"黑色足彩事件"发生在1980年,主要针对的是1979—1980赛季意大利甲级、乙级联赛的足球俱乐部靠踢假球,通过非法足彩谋取暴利,这是意大利足球史上被揭发的第一例此类丑闻,当时的各大球队几乎无一幸免,涉猎的球队之多,被调查的足坛人士之广堪称一最,也让意大利足坛在国际上的声誉大跌。

这段对话后的第二天，明知自己离开的结局已定，他依旧鞠躬尽瘁，在罚点球环节为我们赢得了决定性的一分，让我们获得了第二颗意甲联赛的五角星 ①。专业、正直、冷静，他是个真正的王者。

有了布拉迪"导演"的监督，我们蝉联了两个意甲赛季的冠军，1980—1981 年和 1981—1982 年。那几年我们面临着两大劲敌的挑衅，他们分别是包含利德霍尔姆和法尔考的罗马队，和有着安东尼奥尼、格拉齐亚尼、贝尔托尼、佩奇和帕萨雷拉的佛罗伦萨队。两支实力超凡的球队，布满了各式各样的大人物，但有可能并没有适应如何处在榜单之巅。我的尤文队总是能靠着老到的经验将他们踢下榜首。

我们没有强大的中锋，但是我们有一整个齐心协力合作的团队：布拉迪、卡布里尼、塔尔德利、贝特加、凡纳、马洛基诺，甚至西雷阿。所有人都可能进球。

卡布里尼是个假后卫，其实他做的是左边锋，西雷阿则是位能做半个边锋的自由人。我决定从青年队提拔朱塞佩·加尔德里西，人送外号"小矮人"，63 年的，一个不甚高大的小伙子，但却有着令人心旷神怡的带球过人技术，和对进球时机灵敏的嗅觉。他是不可多得的天才，也许他没有过人的体力，但当贝特加重伤卧病数月，他代替贝特加，为我们贡献了许许多多值得称道的壮举。他在 1982 年 2 月 14 日的帽子戏法令人津津乐道，也让他一举成名，最终尤文对米兰以 3 : 2 获胜。他有着成为尤文队里一颗冉冉升起的新星的所有素质，但他的光芒始终被老队员们所掩盖，他事业的巅峰最后得以在维罗纳队实现，在巴尼奥利麾下赢得意甲冠军。

---

① 在意甲联赛中，如果一支球队累计获得十个冠军，就能获得一颗五角星的标志，缝在自家球衣上，这个创意由加尼·阿涅利的弟弟，翁贝托·阿涅利恰逢尤文获得第十个意甲冠军之际提出。

　　随着 1982—1983 年的改革，崭新的一页被掀开，两位冠军登陆都灵城，他们就是兹比格涅夫·博涅克和米歇尔·普拉蒂尼 ①。

　　博涅克是罗兹维泽夫足球俱乐部和波兰国家队的掌上明珠。他不可阻拦又蔑视规则，对进球也有着熟悉度。

　　普拉蒂尼……就是普拉蒂尼，仅此而已。他无可比拟，没有任何描写能够表达出他是个怎样的奇才。阿涅利对他赞不绝口，除了他异常优美的踢球方式，阿涅利还欣赏他的智慧、风趣幽默、才思敏捷，他的观点常常一针见血。米歇尔刚到来时，不仅得遭受队友们的艳羡和妒忌（他们甚至不直呼他大名，叫他"法国人"），他还因为一些从圣埃蒂安队带来的旧疾，必须承受来自记者和工作人员的恶意。他的膝盖有顽疾，同时还有耻骨骨炎，我们请了各路专家名医为他治病，给他试过各种千奇百怪的治疗方法，物理治疗、普拉纳疗法、离子导入法等等，什么都尝试过。《普拉蒂尼废了》，当时体育报纸时不时就要写类似的报道。国米主席伊凡诺·弗莱佐利，还落井下石地宣称，非常满意自己当初在米歇尔和德国人汉斯·穆勒中，最终选择了后者。不过，随着时间的流逝，他大概已经改变了看法吧。

　　普拉蒂尼的右膝刚开始确实让我们费尽心思，原因是之前的一次骨折让他的踝骨愈合的形态极其不自然。这对于他来说既是一个诅咒，同时也是个恩赐：诅咒是因为他时常感到疼痛，恩赐是因为他微微岔开的右脚，能够让他用自己独有的方式去罚点球。

　　不得不说，在有些艰难的开端后，米歇尔卷土重来，一时间所向披靡。从球场的四分之三处发出超长的弧线球，带球前进七八十米，既能用脚也能

---

　　① 米歇尔·普拉蒂尼（Michel Platini），世界足球史上法国传奇巨星之一，与齐达内齐名，被誉为 20 世纪 80 年代最出色的中场球员，昵称"足球场上的拿破仑大帝"。他曾连获三次欧洲金球奖，被评为最佳教练，也曾担任过欧足联主席。

用头进球，发任意球也不是问题，他威猛敏锐，在最佳盯防球员中名列第一，连续三次荣获欧洲金球奖①。他带领法国队在 1984 年的欧洲杯拔得头筹，每场比赛连连进球。我从未见过像他这样登峰造极的球员。

众所周知，他是那些年法国足球界的翘楚，他甚至在 1980 年的欧洲金球奖的评选上位居第三，但在我那个时代的人看来，法国人并不会玩足球。利维奥·基奥尼，我的朋友，也是我在米兰青年队时的队员，一位资深的法国足球学者，当他建议我多留意普拉蒂尼的时候，我嗤之以鼻："拉倒吧，利维奥……法国从来没出过什么著名的球员！"

可他没有因此停止劝说，"你去观察观察他，你就会知道了。我看过他在一场比赛中分饰三角：他上场的时候是 10 号，后来变成中锋进了球，被罚下场后，替补他的队员竟然做起了自由人……"

我以为那只是他的一时兴起，不过我还是跟博尼佩尔蒂讨论了一下。他和我的反应如出一辙："不要关注什么法国人了！"

尽管如此，我们还是去看了他的比赛，我们完完全全地被惊艳了，一回到都灵我们就向阿涅利明确地要求，下个赛季签下他。大律师对此很感兴趣，他立马发现了普拉蒂尼当时差点就要和巴黎竞技俱乐部签约，这个俱乐部的老板是让－吕克·拉加代尔②，阿涅利的"同行"。

---

① 金球奖（Ballon d'Or）是由法国的《法国足球》杂志从 1956 年起举办的一个奖项，每年度授予最优秀的欧洲足球运动员，因此也被称为"欧洲足球先生"，2007 年开始评选范围扩展为全球所有职业足球运动员。2010 年金球奖与"国际足联世界足球先生"合并为"国际足球联合会金球奖"（FIFA Ballon d'Or）；2016 国际足联与《法国足球》杂志结束合作，此后"金球奖"重新由《法国足球》单独评选。

② 让－吕克·拉加代尔是法国著名企业家，法国拉加代尔集团（Lagardere Groupe）的创始人，该集团是现今世界三大出版集团之一、法国传媒巨头。拉加代尔集团涵括的领域广泛，包括综合性的媒体、机械制造、航空航天、电讯公司。让－吕克也是马特拉（Matra）公司的创始人，这家公司曾是法国第三大汽车厂。

"如果真的值得的话，那我就去跟他说说吧。"大律师对我们说。

两天后，他在电话里给我们带来了好消息："我跟拉加代尔谈了，如果我们对普拉蒂尼势在必得，他可以退一步，把他让给我们。"

我随后立即打电话给博尼佩尔蒂，接下来一切水到渠成，普拉蒂尼是我们的人了。阿涅利到底花费了多少才让拉加代尔松口，我不得而知，但他就是这样速战速决：别人几个星期，甚至数月都办不成的事，他打个电话就能在 10 分钟内迎刃而解。博涅克的问题也是这么解决的，他在全欧洲都非常抢手。博涅克多年来都没能成功脱离波兰足协，当时的政策不允许球员在一定的岁数前出国。阿涅利因为菲亚特在波兰的投资，才得以让他提前离开，也让罗马队到嘴的鸭子飞了。

普拉蒂尼和博涅克，真是两个大人物。普拉蒂尼爱抽烟，被失眠困扰。博涅克是个真正意义上的疯子，一个讨人喜欢的话痨。他们两个立刻就学会了意大利语，他们在场上讲的是同一种语言。而我，还继续用着我那吹口哨的那一套。凡纳掌管着横边界的区域，胆小得像个受到惊吓的初生牛犊，许多年以后他向我承认，我的口哨声会让他变糊涂。可怜的皮耶里诺[1]。

1982 年的世界杯刚结束。蓝衣军团再次赢得冠军，倚仗的依旧是尤文队员，几乎和 1978 年一模一样。保罗·罗西度过了因为黑色足彩被禁赛的时间后，成了我们的一员，回到意大利之后，他、佐夫、真蒂莱、卡布里尼、西雷阿和塔尔德利联合抗议起了总部给予的低薪，与博尼佩尔蒂展开了一场拉锯战。他们认为，作为世界冠军，他们有理由得到更有利的薪资待遇。

有着国家队从西班牙凯旋的队伍，还有普拉蒂尼和博涅克这样的强强加入，我们是 1982—1983 年赛季的大热门——如果罗马队没有赢得意甲冠

---

① 皮耶里诺是凡纳的昵称。

军，欧冠杯我们对阵汉堡队的决赛也没有败北的话。那是我教练生涯中最黑暗的一页。

在欧冠杯的比赛中我们一路高歌，没有遇到任何对手：5 场比赛大获全胜，在面对有着巨人彼得·韦夫的阿斯顿维拉，还有博涅克的前个俱乐部罗兹维泽夫的时候，这两场世纪之战，我们也战无不胜。在最后决定性的一战里，我们面对的是 HSV，也就是德国冠军汉堡队，他们的队员不受追捧，可带领着这支队伍的却是大师哈佩尔。

理所当然的，我们带着优势开始，但被大家看好并不是件好事。"不要说猫，如果它还没进你的袋子"，我老家的一句谚语这么说，不管有没有押韵（不过我听说有个修辞手法叫作"半谐音①"，接近押韵，所以……）。在比赛前夜，我感到有些不安。我就是这样的人，没有哪次比赛能让我放宽心睡去，我的心里总有团骚动的小火苗在燃烧。有人把这叫作谨慎，有人叫作焦虑，我不知道怎样形容它，但在决赛开始前，我还是单独去找了博尼佩尔蒂谈心。

"詹皮耶罗，该死的，他们真是说得轻巧。尤文必赢，比赛毫无悬念……但我们现在要面对的可是哈佩尔带的球队啊，你懂吗！他已经带过两次欧冠赛了……很有经验。我连续三次看到他们，他们非常强，强，强！三倍的强。比方说赫鲁贝施，他踢球虽然不出众，但能次次突破防守。是的，我们安排布里奥去死盯着他，这很好，但是他们还有马加特、巴斯特鲁普和两个后卫……卡尔茨和魏迈耶，这两个可不是一般人。"

总之，我也给博尼佩尔蒂带来了一些担忧，我自己都不知道这是为了什么。或许是为了让他说服我是杞人忧天，或许是他心里也响起了警钟，与我有着同样的想法。

---

① 半谐音，也叫准押韵，指诗歌中只有元音押韵，辅音不押韵。

"天呐，加尼，一个球我们总是能进的，难道不是吗？"

"是的，我们能进一个球，但这些人真的好强，太糟糕了，他们都是国家队级别的！"

我为那两个后卫而感到焦虑，他们不是后卫，他们是真正意义上的额外边锋。卡尔茨和魏迈耶，对于我来说，他们是个噩梦。他们夜夜出现在我的梦境中，我想，能困住他们的唯一方法就是从前方减少一个球员，给后方加一个。媒体肯定又会拿这件事长篇大论地声讨我只知道链式防守，师从罗科这个防守派，但我不在意。我只想赢，别无其他。

我向博尼佩尔蒂提出这个战略，他非常自信地对我说："我们踢了 8 场比赛，我们差不多全都赢了，不论是主场还是客场，失败次数是 0。我随便你怎么做，那些人为了我们一直拼到现在，从没失手过，你有什么脸面去减少其中一个？"随后他补充说："如果我们换掉阵营，万一被打败了，我们无颜回都灵！"

他说服了我。事实上他说得有道理，我们有理由去相信那些一场场比赛下来丝毫不懈怠的队友们。

后来，大家都知道了：上半场第八分钟，马加特一记猛球，HSV 得分，然后场面进入僵持，人墙对人墙，普拉蒂尼彻底被罗尔夫排除在比赛外，保罗·罗西那晚的表现令人恼火，仿佛从未踢过足球。下半场进行到一半，我让马洛基诺代替帕布力图①，第二天，体育记者们抓住了这个把柄，认为比赛的失利完全是因为我的错，因为这次替换。媒体总是习惯夸大其词。我只是让我熟悉的那个尤文上场了，而这个尤文与防守两字背道而驰。

我敢说没有任何人，会让四个纯前锋、贝特加、罗西、普拉蒂尼和博涅

---

① 帕布力图是保罗·罗西的昵称。

克全部上阵，加上塔尔德利、卡布里尼、西雷阿在前方助力。后方固定的队员仅有布里奥、博尼尼和真蒂莱……

我决定放弃。我从未公开说过，但我心里已经默默下定决心递交辞呈。

博尼佩尔蒂接待了我，他没有片刻犹豫。他让我再等等，第二天我就在所有的报纸上都读到了阿涅利的声明："特拉帕托尼是我们的技术指导，现在是，未来一年也是。"他这一举动让所有人都噤声了，包括我。

第二年，欧洲优胜者杯决赛于巴塞尔举行，我们对阵波尔图，重新起航。我们刚刚拿下意甲奖杯，那是尤文的第二十一个，我的第五个，带着满满的憧憬，我们可谓是一支超强战队。佐夫在 41 岁退役，我们签下了来自阿韦利诺队的斯蒂法诺·塔科尼代替他的位置。塔科尼和马洛基诺如出一辙：自夸自大、外向热情、唯恐天下不乱。跟他上一任队友的性格完全南辕北辙。从阿韦利诺队还来了贝尼亚米诺·维格诺拉，一个极富天资的"副普拉蒂尼"，个子不高，大家经常拿他与里维拉相比较。唯一可惜的是，因为身体的某些原因，他不能够完成整个赛季，如果一年里只踢 15 场比赛，那么他会是最理想的球员，能将每场都踢得非常精彩。

正是维格诺拉打破了和波尔图的僵局，射出了神奇的一球，那颗球射中了远处的立柱，缓慢地进了球门。随后，他给博涅克的一球助攻仿佛神来之笔。那是场硬仗，但当时的尤文队，可以说是我训练过的最佳球队，可谓是足球史上最强的。普拉蒂尼如同被上帝恩典，他碰到的每颗球都是艺术品；在意甲联赛和优胜者杯之后，他带领法国国家队从欧洲杯上凯旋。兹比·博涅克 ① 在优胜者杯比赛中的发挥比联赛中的好，大律师给他取了个响当当的

---

① 兹比是兹比格涅夫名字的简称。

外号"夜晚之花①"。

几个月后，1985 年 1 月，一个凛冽的冬夜，我们在都灵迎战利物浦队，以 2：0 一举夺得欧洲超级杯。此前的 5 月，在欧冠杯中利物浦罚入点球战胜了罗马队，那是一支实力雄厚的队伍，队员囊括尼尔、肯尼迪、沃克、达格利什和来自威尔士的狙击手伊恩·拉什②。

感谢高效和敬业的铲雪大队，比赛才得以如期进行：前一天整日大雪纷飞，一片天寒地冻，那是我记忆中最寒冷的冬季。

博涅克梅开二度，每半场得 1 分，两次都由布里亚斯奇助攻。我们与利物浦不久后又狭路相逢，在 5 月 29 号海瑟尔球场那被诅咒的一夜。

我们进入到布鲁塞尔的决赛时，刚痛失了赢得意甲冠军的机会——那一年，意甲盾牌由拥有巴尼奥利和我们的前队员凡纳和加尔德里西的维罗纳队摘得——还被提前告知即将挥别队里的三个顶梁柱博涅克、罗西和塔尔德利。我们很疲惫，也被转会市场上的来来往往转移了注意力，雪上加霜的是布里亚斯奇还负伤了。

马西莫·布里亚斯奇是尤文队珍贵的一员，他是名温良又谦逊的锋线箭头，保罗·罗西的同龄人，也是他在维琴察的前队友，曾在省队效力多年。对于他来说，欧冠的决赛是他运动生涯中的巅峰，所以即使当时他的膝盖因为积液肿胀如甜瓜，我们也劝说他上场。最终是博尼佩尔蒂成功说服了他。

"马西莫，随你吧，我知道你疼得不得了，没关系。"他对他说，"但你要清楚欧冠决赛不是一场寻常的比赛……"简单的话语，但发人深省。

---

① 紫茉莉因为在夜间开花而闻名，所以在意大利也被叫作"夜晚之花"，优胜者杯也在晚上举行，因此阿涅利将紫茉莉和博涅克进行了联系。

② 伊恩·拉什被称为狙击手，是因为他对进球有着极高的准确度。

在海瑟尔球场，意外在比赛开始很久前就已经发生。我们在场上完全了解不到真正发生了什么。期间，大量球迷被请到草坪上，我们陆续看见了警察和救护车。

我不是第一次经历观众席发生混乱，所以迅速将其抛至脑后，但随着时间一点一滴地过去，我开始担心两件事：一是比赛，看似已经无法正常进行；二是宝拉，我的妻子，她也在观众席上。更衣室里，我们猜测："玩不了了。场上乱七八糟的，还怎么玩儿？"

情况非常不稳定，我们一直收到不辨真伪的消息，好像在球场的一个区域发生了踩踏事件，有人员伤亡，但数字总是跟着不同的消息源变动。有人说一两个死者，有人说很多个。球员们一个接一个觉得比赛不会进行了，竞赛产生的紧张气氛逐渐被另一种难以名状的紧绷情绪代替，仿佛一个阴暗的预感笼罩着我们所有人。

终于，在一个多小时后，一名欧洲足联的领导来通知我们："意大利和英国的两位足协主席达成了一致。为了解决现在的局面，安抚球迷的心情，你们必须比赛。"

"你们真是疯了！"我回答。

"那您来说说我们该怎么做？"那位领导反驳道，"如果你们不进行比赛的话，那么我们就要让这么多人都出去，但凡这其中有一个人推测出发生了伤亡事件，那么一定会发生更严重的灾难。"

他一直在说有伤亡人员，却没有透露多少人。我们以为人群暴动只导致了一两个不幸的死者，但没有任何人，我重复一遍，没有任何人，跟我和我的队员们说过死者竟有将近 40 人之多。假如当时我们得知了事实的真相，在这样大的一个噩耗面前，即使是上帝降临来要求我们，我们也会坚定地拒绝下场比赛。

当得知一切的时候，已经太晚了，我们已经比完赛回酒店了。我的妻子在比赛前就返回了，她告知我电视报道不幸逝去了 39 人，上百人受伤。我觉得天塌下来了。胜利的喜悦在顷刻间烟消云散。我们没有庆祝，甚至没有用餐，吃了点儿水果就去休息了。

可不得不说，那是场真正的比赛。有传言称我们踢了假球，裁判无能，莫须有的点球……博涅克在罚球区半米外遭受了对方的犯规，但摔倒在了罚球区内，所以当时的裁判达伊娜吹响了罚球的哨声。这是每个周日球赛都会出现的一幕。

大家还谴责了普拉蒂尼罚点球得分时过于得意扬扬，那是因为当时我们被蒙在鼓里，满腔热情地沉浸在比赛里。利物浦队的表现也可圈可点，他们在比赛中殚精竭虑，也让我们着实经历了一番苦战。另外，我最后重申一次：1985 年 5 月 29 号，尤文—利物浦的比赛本不该进行，但在场上我们呈现了一场真心实意的足球比赛，如果有人认为英国人在比赛时有所节制，那么他绝对是抱着对黑白军团的恶意，才说出这种论调。

第 9 章　第六个勋章后永别

宝拉和孩子们执意让我离开尤文。他们三个都已经厌倦了都灵的生活，想回到米兰。

"我们在这儿挺好的呀！"我这样说，"我想你们不会否认，我已经和球队相处了 9 年，早已经合为一体了。我已经变成了球队的象征。不要为难我！"

说心里话，我那只是在扮演一个角色。即使我在都灵过得很好，也深知阿涅利想把我打造成第二个博尼佩尔蒂，让我走上领导俱乐部的道路，事实上，我内心深处也感觉到需要换换新环境。大律师希望领导人员都是球员出身，因为这样他们的血液里流淌的才是对足球的狂热。他不需要好的管理者，或者说，不仅如此。

这一切我很清楚，但在我心里，一个欲望已经逐渐在啃噬我。我对做管理者不感兴趣。我曾经是个优秀的足球运动员，如今是个理想的足球指导员，这毫无疑问。我感受到自己非常享受做教练，在我 47 岁之际，这份驱使我的热情与我 37 岁时无异。在我的眼前还有许许多多周日，可以在训练的哨声和看台上的呼喊中度过。当我聆听内心的声音时，答案总是那么清晰："好的，你想继续训练下去，没人会对你说不。你可以在尤文待到任何时候，然后再去代替博尼佩尔蒂的位置。在你感到合适的时候。难道有什么问题吗？"

"比如家庭。他们想让我回米兰！"

"没问题。他们回米兰去，你留在都灵。这两个城市离得那么近，你们可以一个星期见一两次面……"

"可是……"

"可是什么？"

最终我不得不承认：我想去别的地方开疆扩土，这个欲望在悄然滋长。我整个教练生涯都是在尤文完成的，这是一个举世闻名的俱乐部，有着独一无二的管理和风格，无法超越。

但，简单来说，我开始产生了疑问，到底是这个俱乐部获得了那么多荣耀，还是特拉帕托尼这个人和他的兄弟们获得了那么多。换作另一个人，他能取得同等的荣誉吗？答案不得而知，但是这份不确定却深埋在我的心里。

"如果你真的是个伟大的足球教练，那么就去罗马，或者去国米，去维罗纳，去国外，带领那些球队去赢……"我对自己这样说。但在几个月里，我面对宝拉和孩子们施加的压力，表现得无动于衷。

1985 年的夏天，我带着些许哽咽告别了兹比·博涅克、马可·塔尔德利和保罗·罗西。我不只因为他们将去对手球队里踢球而惆怅，也因为感情上的缺失。博涅克的真诚和塔尔德利的友谊，会让我非常想念，可老妇人继续翻开了新的篇章。

在 10 年里，看到新人到来，旧人离去是非常普遍的事，只是在一些情况下，这种分离显得格外沉痛。当然，新人的水平也足够进入尤文：米歇尔·劳德鲁普，一位 20 出头的小伙子，进入俱乐部已有两年，但一直在拉齐奥队效力，在罗马这座城市他证明了自己出色的实力；阿尔多·塞雷纳，在国米成长的一名球员，后来从米兰城来到了都灵，是个非凡的头球之星；利奥内洛·曼弗瑞多尼亚，非常有能力的中卫，拉齐奥队旗帜般的人物，我决定让他转型为前卫；马西莫·毛罗是另一个出类拔萃的球员，但之前一直在卡坦扎罗和乌迪内的省队效力；最后是来自亚特兰大的"进球的希望"马可·帕邱内，这个前锋注定将在尤文队历史上留下浓墨重彩的一笔，但他本人大概并不喜闻乐见。

　　如此一来，球队可以倚仗一群有实力的球员。特别是普拉蒂尼—劳德鲁普这个组合让人翘首以盼。来自丹麦的劳德鲁普有着初生牛犊不怕虎的气势，虽然很年轻但球技卓越，他可以成为米歇尔完美的左膀右臂，他们俩仿佛是天生的搭档。一天，一个格外漂亮的姑娘载着他来到了训练场。我对他惊叹道："我的天呐，亲爱的小米歇尔。那可是个惹火的尤物。"

　　他笑着回我："谢谢教练，那是我妈妈。下次我让你认识她。"真是糟糕。我尴尬地向他道歉，我素来对女人不感兴趣，我哪儿知道呀？他妈妈就像个跟他一般大的年轻人，在 18 岁时就怀了他，这在丹麦很常见。

　　第一轮的比赛非常顺利（满分 30，我们得了 27 分），仅仅在冬季，我们第二十一个盾牌就已经看似手到擒来。欧冠的开展也很顺利：第一回合对阵来自卢森堡的埃施青年俱乐部，我们的胜利犹如探囊取物，然而后续的八分之一决赛上，我们必须迎战上一季的意甲冠军——奥斯瓦尔多·巴尼奥利麾下的维罗纳队。

　　海瑟尔惨剧导致英国的俱乐部被剔除在了欧洲各大比赛之外，也使得尤文紧闭门户，在自家踢了两个轮回的比赛，维罗纳本特戈迪球场的一场 0∶0 之后，我们第二回合的比赛在 11 月的一个星期三下午举行，观众台上空无一人。那真是一场奇特的比赛：场地上，球员们的步伐好似一个个被灌了铅似的沉重迟缓，巴尼奥利与我也不敢像往常一样大声指挥队员们，生怕被对手听见。我们艰难地取得了 2∶0，这也亏了法国裁判伍尔兹没看见塞雷纳的手侵入了禁区。维罗纳人对此出奇地愤怒，也表现得毫无竞赛精神。赛后，他们的前锋埃尔克耶尔当众夸张地用食指摩擦大拇指，暗示我们收买了裁判。当我的同行巴尼奥利碰见两名警察时，说出了那句载入史册的名言："如果你们正在找犯罪分子的话，他们就在另一个更衣室呢。"

　　对手失败后指责裁判和另一个球队做了不公平交易，这总是让人难以心生愉悦，但我能理解巴尼奥利亲眼见证一个辉煌的梦想顷刻间崩塌的愤怒。3月，四分之一决赛上，我们迎击了巴塞罗那队，这是个难对付但也势均力敌的对手。在那之前，我们迎来了洲际杯。

在我同米兰队一起踢过这个比赛后，洲际杯更换了赛制，汽车界巨头丰田加入到了比赛的组织当中。比赛不再分为两场，一场在欧洲，一场在南美，而是在日本举行唯一一场。从一方面来说这是个有利的消息：过去在南美举办的比赛从来都蔑视规则，我深有体会；从另一方面来说，这也让比赛缺少了一大看点，那就是伴随着比赛的狂热气氛。

12月1日，我们在意甲联赛的主场比赛中对阵佛罗伦萨队后，马不停蹄地连夜坐上了去往东京的飞机。我们需要打败的是阿根廷青年队，解放者杯的得主。经过了解，我发觉这是个强劲的对手，其中包括一些难缠的球员，可我也清楚我的尤文队无所畏惧，因此我也迎难而上。

相反，米歇尔·普拉蒂尼，众所周知，他深受时差问题的困扰，在比赛的前几天过得非常糟糕。比赛前夜，与往常一样，我撞见了在酒店走廊游荡的他，我严肃地告诫他："米歇尔，该死的，快躺到床上去，你这样我看着很碍眼，还有赶紧灭了那根香烟，别让你的肺里都是焦油！"

他不慌不忙地回答我："教练，别理我了。您知道重要的是博尼尼别吸烟就好了，他可还得把我的那份儿也跑了呢！"

我们在当地时间的中午上场。观众席上有半数人都穿着我们的球衣，可意大利人少得可怜，他们大多是日本球迷，个个都在专心致志地吹着那些形状怪异的小喇叭，持续地发出刺耳的声音。那是我第一次来到亚洲，我的队员们也是，我们仿佛到达了另一个星球。首发队员是：塔科尼、法维罗、卡布里尼；博尼尼、布里奥、西雷阿；毛罗、曼弗瑞多尼亚、塞雷纳、普拉蒂尼、劳德鲁普。阿根廷人派出迎战的是一群非常强大的年轻人。唯一一个在欧洲有知名度的名字是老球员豪尔赫·奥古恩，1978年的世界冠军，不过我在笔记本上还记录了能掌控全场的塞尔希奥·巴蒂斯塔和中锋克劳迪奥·博尔吉，这两个无论如何都要钳制住。

那场比赛堪称经典，两队统统使出了浑身解数来赢得奖杯。不断转换的进攻方，惊人的技巧，有效的、无效的进球，全程高潮迭起，被称为史上最精彩的洲际杯决赛。想一想当时的草地根本无法匹配这样一场高规格的球赛！就在几天前同一个场地上进行了一次橄榄球比赛，整片草地仿佛被重获自由的牛群践踏过；火上浇油的是，那天还下着瓢泼大雨。足球就像发疯的兔子一样毫无章法地乱蹦。日本人想尽了办法弥补损失，尝试重新铺平草地、挖土填坑，但能在那样的草地上踢球的不愧为真正的英雄。12月的那一天，在场的每一位球员都证明了自己。

年纪轻轻的博尔吉跟打了鸡血似的，他越过我们的球员就像越过标志筒，不断地向自己的队友传球，所幸我们有普拉蒂尼和劳德鲁普，这两个可不是吃素的。劳德鲁普因为重心偏低，让人想起荷兰王牌球员克鲁伊夫，他们之间的共同点恰好是滑雪赛运动员般的回转移动方式，有着令人难以置信的速度和技术性。上半场两队难分难解，谁也没让对方得逞，0：0。

下半场，赛况愈加激动人心，终于进球了。第一粒进球由劳德鲁普发起，塞雷纳助攻，但被德国裁判罗斯看作越位无效。第十分钟，对方的边锋埃雷罗斯钻进一个走廊，用一记高球打败了塔科尼。我整了整领带，在西装兜里找到了念珠，又看了看表。我们还有时间弥补。在我还没有理清头绪的时候，对手就进了第二粒球。看见裁判定为无效时，我长嘘了一口气。球队正在被牵着鼻子走。在上半场我们把主动权拱手让给了对方，期盼着下半场他们能松懈，但这群人咄咄逼人，丝毫不懈怠。普拉蒂尼看起来是仅剩的一个有把握的球员，他在场上自信地游动着，用自己的行动给队员鼓气。他发给塞雷纳一个完美的长传球，但塞雷纳在禁区内被扑倒。

点球。米歇尔走向罚球点，轻描淡写地进球得分，仿佛在对他的队友们说："兄弟们，离比赛结束还有半小时，现在可不是放弃的时候。"

他反而是在敌区接到一个半高球的时候振奋了，他控制住球，甩开对方的后卫，飞起半个倒钩，远角进球。真是完美绝伦的一次进球。他兴奋地跳跃、欢呼，整个球队都沸腾了，一齐扑向了他，我们一定能行的。我试图保持理智，本能地看向了裁判，我完全不敢相信自己的眼睛：他竟然举起了手臂？他真的判了进球无效？普拉蒂尼在下一秒发觉到了。他接下来的举动被载入了史册，全世界的电视台无数次播放过他当时震惊的表情，他瘫下了身体，膝盖着地，最后直接侧身躺下，一只手撑着脑袋，仿佛自己在沙滩上晒日光浴。伟大、无敌的米歇尔！然而一切于事无补，我们的比分依旧停留在1∶1。许多年后，我得知罗斯取消了那个进球是因为塞雷纳被动越位，但当年还不存在主动越位和被动越位的区分，听说米歇尔至今还在为这个无心之举跟阿尔多置气。

第九十分钟正在慢慢逼近，阿根廷人依旧气势汹汹，体力充沛得跟刚上场比赛时无异。博尔吉真是让人瞠目结舌：他好像决心跟普拉蒂尼对着干。那是一场赛中赛。我开始对我的球队不那么有信心，对手的表现让我们有些措手不及，当他们在第七十五分钟进球时，我的心里暗暗觉得我们已与奖杯无缘。

话说回来，那场比赛注定是个传奇：球在弹回的时候飞向了普拉蒂尼，而且有些偏离场内，普拉蒂尼一气呵成，在球还没碰到地面的时候，看都不看地在外将球向内一扫，传给了劳德鲁普，后者成功控制住了球，从左边移向右边，越过守门员径直来到了端线旁。"我的圣母玛利亚，他不可能完成的。"我对自己说。然后奇迹发生了。一记脚弓球，如此违反物理学的一球居然进了。

我们在罚点球环节获胜。

通常这样的胜利并不足以让我们满怀欢喜，但那次不同。在电视机前的球迷们目睹了一场值得铭记的球赛和一支难忘的尤文队。

我即将离职，我已经决定了，但我当时正在以最好的方式迎接离别。我对博尼佩尔蒂说："詹皮耶罗，明年，我想走。我不知道去哪儿，没达成任何协议，也还没跟任何人说。这件事，你知我知。"

他心中警铃大作："不不，加尼，慢着。你要干什么？你疯了吗？"

"天呐，我在尤文已经待了 10 年！一个教练在一支球队连续待了 10 年，闻所未闻！"

"说得没错。这代表你在这里很好……"

我早就料到了他的反应，已经做好了准备。我油盐不进，重申没有商量的余地。

"如今，我的家庭也决定好了，我对你再说一遍，我走绝对不是因为遇到了什么问题。我只是想去别的地方试试。你理解理解我，我不是一个俱乐部的领导，我只是个教练，众所周知，教练们总是随时提着行李。而我是个例外。我的行李一直准备着，但永远只是为了我的，我们的尤文的客场。我现在是时候去体验一些新的经历了。"

"好吧，我懂了。这可真是个烂摊子……阿涅利可不会轻易接受。那我们这样吧：不要告诉任何人。务必不能让大律师知情。至少不要立刻知情。接下来还有欧冠、意甲联赛……我们等到春天再说吧。"

我们也这样做了。3 月，我们在欧冠的四分之一决赛对阵巴塞罗那。球迷们高昂的情绪还未从打败阿根廷青年队的壮举中缓过劲儿来，觉得缺少了贝恩德·舒斯特尔、中锋又是没什么作为的苏格兰人史蒂夫·阿奇博尔德，巴塞罗那不足为惧。我们去西班牙没带上塞雷纳，布里亚斯奇和劳德鲁普作为前锋，年轻的马可·帕邱内作为替补，他在比赛 20 分钟后就上场换下了受伤的布里亚斯奇。比赛看似会以 0 ： 0 持续到最后，我们的防守做得滴水不漏，巴塞罗只在少数情况下对我们造成了威胁，但在第 85 分钟我们遭受了一个奇怪的进球，一个在禁区内被改道的远射球，比赛最终以 0：1 结束，他们胜利了。

第二回合，我们至少需要把比分拉至 2：0，才能消除对手在最后时刻快速反攻一球的后顾之忧。如同那场对阵阿根廷青年队的比赛，这一场也足以载入史册，不过却是因为相反的原因。这场比赛让马可·帕邱内成了媒体的众矢之的，他被不公平地认为丢失了许多进球的机会。

那时帕邱内很被看好。他作为替补中的替补加入球队，在意甲联赛中踢的比赛确实少之又少，少数的上场机会中也未进过一球。命运作弄，欧冠四分之一决赛的第二回合之际，塞雷纳和布里亚斯奇两人同时卧病在床，而我们需要至少两粒进球。我不能再加入一名前卫。凡纳和马洛基诺，这样两位能在需要时助一臂之力的进攻型边锋已经不在了，我放心地将这份差事交给了马可：这个选择在当时非常符合逻辑，我觉得球迷们和记者们也会这么想。另外，帕邱内还是个大方的球员，他能为同伴打开路线，永不停歇地从右跑到左，从某种意义上来讲，他比塞雷纳更勤劳，因为后者倾向于不离开自己所属的活动区域。

比赛以 1：1 告终，下半场我们没有对对手造成任何威胁。帕邱内确实错过了几次轻而易举的进球，但不得不说，除了劳德鲁普—普拉蒂尼双人组，整支球队都没有发挥出应有的实力。球迷们大失所望：我们对意甲奖杯依然志在必得，但球迷期待的是我们能洗刷上一个欧冠决赛的惨痛经历。

在那场比赛后，帕邱内成了被群起而攻之的代罪羔羊，那是个不愉快的局面，可足球就是这样，幸运与不幸交织，既可以造就也可以毁灭一名球员的运动生涯。联想到马可的性格，我意识到了这名年轻人始终觉得自己没有能力面对那样一场高规格的比赛。赛后，我没有跟他对话，说不出口。他已经身心俱灭了。我不清楚队友们对他说了什么。

作为教练，我一直秉承着一个原则，那就是不扰乱更衣室内的平衡。无可争辩的是，从那次起，球队的表现每况愈下，场上和场下队员们之间都弥漫着不安的情绪。我的尤文队正在经历一段低迷期，那不是对球队公开我未来计划的好时机。

世上没有不透风的墙，我与博尼佩尔蒂的沉默显然不够，我开始陆陆续续接到一些来电。甚至连我们在联赛中的对手，罗马俱乐部也向我抛来了橄榄枝。我的电话变得忙碌起来，直到一天，电话的那头是阿涅利。

"特拉帕托尼，我听说您要离开我们……"

"我不能否认，大律师。几个月前，我跟博尼佩尔蒂谈过话，他劝我再好好想想，我现在考虑好了，非常坚定。"

"听着，您这样做让我非常失望，也会让我陷入麻烦。您是慢慢取代詹皮耶罗的最佳人选。他还年轻，但不会永远年轻。尤文俱乐部的主席理应让您来做。"

阿涅利有着令人无法反驳的说服方式。他总能让一切顺着他的计划按部就班。这种能力让他们这样的人仿佛有着与生俱来的信服力，现实总会向他们倾斜。可是，我的固执不会。我向他表示感谢，并表达了我对他的无限尊重以及对于他所说的话的极大慰藉，但我仍然迎难而上，直面了即将到来的暴风雨。

埃内斯托·佩莱格里尼是管理着维拉尔佩罗萨酒店的集团老板，我们队经常去那儿度假，同时他也是国际米兰俱乐部的主席，曾将卡尔·鲁梅尼格带到黑蓝军团。他请我去和他单独见面，他的谈话非常简洁："特拉帕托尼，如果您有意向更换俱乐部，请告知我。我们正在寻找一位教练，现任的是科尔索，但他赛季结束后就要离开了。球队总体来说不错，但经过您的训练，我们能有质的飞跃。"

而我，总是欠缺算计的头脑，诚实地回复了他："我已经通知尤文的领导层我会离职。我们可以谈谈。"

"您已经接收到一些邀约了吗？"

"主席先生，您不要开玩笑了，如果您决定跟我见面的话，那肯定是有人已经告知了您我想换一个环境。如同现在您向我提议的一样，其他人也做了同样的事。但我还没考虑好。现在才 4 月，还有时间。"

仅仅过去了两三天，佩莱格里尼就再次与我通话，我们又见了一次面，并做了个君子协议：我会去国米，但任何人都不能在赛季结束前知晓这件事。我们没有谈钱，这是我惯有的行事风格，也没有谈保障，或其他细节。我们只谈了 6 月我会去任职蓝黑军团的教练。

晚餐时，我将这个消息告诉了宝拉和孩子们。当我看见他们是那么欣喜，所有的疑问、顾虑和不必要的担忧，在那一瞬间荡然无存。当电话再次响起时，我们正在咖啡厅，安心快活地聊天。

"不会是《体育报》的哪位吧？"我对宝拉嘟囔，"米兰城可不是都灵城，那儿一发生什么事就众人皆知……"

宝拉接起了电话，然后递给我，在我耳边悄声说："是西尔维奥·贝卢斯科尼①。"

贝卢斯科尼在几月前购买了米兰俱乐部，米兰队已经走了多年下坡路，他宣扬要让球队重新走上世界足坛的巅峰。

"特拉普，你听听看，"他开始对我说。我们不认识彼此，那是我们第一次对话，没有想到他会那么随和。我心里想着，这肯定是个有趣的人物。

"我收了米兰，对吧？我寻思着你……总之，你在米兰待了 20 年，我说得没错吧！我们明天能见面吗？"

---

① 西尔维奥·贝卢斯科尼（Silvio Berlusconi），意大利著名政治人物、企业家，是意大利力量党的创始人，曾四度出任意大利总理，同时也是 AC 米兰俱乐部的财主、意大利传媒大亨。AC 米兰在他的领导下取得了卓越的成绩。他在意大利的形象，因为偷税漏税和嫖宿幼妓的丑闻而极具争议。

"真是糟糕，主席，就在今天，我才跟佩莱格里尼谈定了，对于我来说既然承诺了就跟签了合同一样！"

"怎么可以，该死的，怎么可以！"贝卢斯科尼叫道，"你怎么可以去那种地方？尤其是在米兰待了 20 年，在尤文待了 10 年之后！这不可能，你得重新想想，你正在做一件大糊涂事！"

"非常抱歉，如果您在几天前打电话给我，那么我们还有机会，但现在说什么都太迟了。"

结束电话时，我扪心自问，有没有勇气在这么多年后回到米兰队。我没有得出答案。

"兄弟们，我明年就要走了，天下无不散的宴席。"我最终只开得了口说了句如此简短的话。议论声迅速盖过了我的声音。

"教练，教练，教练……"这是当时在一片嘈杂中我能真切听到的唯——个词。他们叽叽喳喳地请求我不要离开，这一切都印证了他们对我的感情，敬重和友情。

离联赛最后一场比赛不远了。决定性的一天。要么我们，要么罗马。这已经是老生常谈了。3 月中旬罗马以 3 ：0 打败了我们，从那一刻开始我们就不再一帆风顺。重点是：他们阻碍了我们前进的道路，却在主场对战已经降班的莱切失利了，所有人都以为罗马会轻而易举地胜利——当时奥林匹克体育馆里座无虚席，球迷们甚至都已经为庆祝胜利做好了准备。然而莱切3 ：2 获得了胜利。另一边，我们靠着小米歇尔·劳德鲁普的进球，战胜了米兰队。我们进入最后一个赛日的时候，命运女神让我们和"创造奇迹的莱切"相遇。如果我们在客场取胜了，那么意甲冠军就是我们的了。

我悔青了肠子，不该在联赛还未结束时就对队员们说出了告别的话，可又担心他们会从小道消息中听到闲言碎语，我希望能亲口告诉他们。"如果他们因为这事儿泄气了，可如何是好？"我问自己。

　　答案正是由兄弟们告诉我的，对阵莱切，他们演绎了一场模范性的球赛。我当时不禁热泪盈眶，最后那场比赛的 3 ∶ 2，是我的尤文生涯中最铭记于心的一刻。他们清楚地知道我即将离开，他们是为我踢的那场比赛，为了表达对我的敬意，为了感谢我，这是他们向我告别的方式，也是我一生珍藏的宝贵回忆。

第 10 章　创纪录的国米

我的幸运数字是 17。我出生在 3 月 17 号，圣帕特里克节，我的儿子也出生在那一天，我代表国家队出场过 17 次，带领尤文赢得的首个意甲冠军是老妇人历史上的第 17 座。所以我经常问自己"17"是否真的（如其他人所想）是一个不幸数字，我也从没弄明白 13 不幸在哪里。当我来到国米的时候，他们的意甲冠军数停留在 12，最后一次夺冠胜利还是 1980 年在贝尔塞里尼的带领下获得的。我脑中第一个想法便是："我一到尤文就立刻拿到了第 17 座，现在我来到国米如果能立刻拿到第 13 座该多好。"

一些国米球迷（更年轻的那些）认为我是 AC 米兰人，还有一些认为我是尤文人，要在这样的环境里被认可并不容易。佩莱格里尼渴望胜利，他的日子并不好过，因为在大运河的另一岸，贝卢斯科尼给 AC 米兰带去了金钱和奖杯。

然而我刚接手时的那支国米并不具备立即夺冠的实力。两年之后，球队才真正爆发。

我刚接手的球队里，锋线组合鲁梅尼格和阿尔托贝利是亮点，但仍有很多地方有待改善。不过我当时很满足，一个充满烦琐工作的全新挑战，这对于刚刚结束在尤文 10 年成功经历而寻求改变的人来说，是非常理想的下一站。我很高兴能与我以前执教过的球员塔尔德利和凡纳重逢。我第一时间找到"可怜"的皮耶里诺·凡纳，笑着说："服从命令吧，这下又轮到你听我的哨声指挥了。"我和塔尔德利之间的关系则近乎友谊，他是经验丰富的老将，并已显露出未来成为教练的潜质，我们感觉像是战友，在以后几十年的岁月里我们一起经历了许多冒险。

从一开始我就向佩莱格里尼说清楚了，我曾被米兰的媒体圈折磨过，它们总是在寻找 AC 米兰和国米之间的分歧内幕。我也很清楚，蓝黑军团不像尤文那样擅长在媒体面前保护自己，不管事情影响好坏、不经过慎重思考就会向外宣布。

我对他说："主席先生，你必须只相信我亲口说的话。如果有八卦记者向您透露我们更衣室的不和，你必须先来找我确认。我总是会把一切事情向主席汇报，这么多年来我都是这样和博尼佩尔蒂相处的，以后我也会这样对待您。真诚和信任先于一切。"

佩莱格里尼二话没说，我们便投入到转会市场的工作中。我们引进了阿根廷人帕萨雷拉，1978 年世界杯冠军队成员，自由人，但天资过人；还有卡利亚里人马特奥里，他最开始是科莫队的领袖，然后在桑普多利亚队踢了一年，而现在是时候完成质的飞跃了。

马特奥里是我教练生涯里的最伟大的直觉之一，可以和我发掘的传奇后卫卡布里尼相提并论。这个年轻人有着出色的脚下技术和战术意识，他一直都身披 10 号球衣。在国米的前两年他的表现有些挣扎。第二年的时候，他和恩佐·希福因为位置上的冲突而闹不和，我必须出面解决问题，我做出了把他后撤到后卫线前的决定。后来的事实证明他在新的位置上如鱼得水，能出色地掌控场上比赛的节奏。到了第三年，他做到了与两个德国人马特乌斯和布雷默的无缝配合，成为那支创纪录的国米的灵魂人物之一。这次直觉性的调整在足球界开辟了一条新道路，并在以后被不断地实践，安德烈·皮尔洛就是一个著名的例子：几年之后，马佐尼回撤皮尔洛到后卫线前打后腰，是为了让他和罗伯特·巴乔共存。多么伟大的共存！AC 米兰的安切洛蒂也做过同样的试验。

能够担任鲁梅尼格的教练是一件幸事。和普拉蒂尼一样，他是当时世上最好的球员之一，爆发力强、全面、有决心，是一个天生的领袖。尽管如此，更衣室里的大难题毫无疑问是阿尔托贝利。因为他喜欢自作主张，让我的权威受到了极大的挑战。在一起共处的两年时光里，我们的关系一直很紧张，我尝试让他保持良好的状态，但他总是有点儿力不从心。有一次在被换下场的时候，他情绪失控并把队长袖标甩飞在地上。在那一刻我很平静，但比赛一结束我就找到了佩莱格里尼说："他这是在挑战我在全队面前的威信，如果他留下，我就走！"佩莱格里尼没有犹豫片刻，第二年的时候，我们把阿尔托贝利卖去了尤文。令人遗憾的是，阿尔托贝利在国米那创纪录的赛季开始前离开了，没能在国米那辉煌的一页上留下自己的名字。

相反，卡尔·海因茨·鲁梅尼格则让我喜忧参半。他能如机枪般疯狂地进球，却身体虚弱总是受伤病困扰。佩莱格里尼主席的夫人坚定地认为，人很多身体上的问题是源于牙齿位置的错乱，因此她建议鲁梅尼格一定要矫正牙齿。但贝尔加莫医生却不认同，对他来说那是明显的脚腱开裂，就像阿喀琉斯之踵。

卡勒①的双腿异常粗大，是我双腿的两倍，本不应该那么容易受伤。我们尝试了把他送到科莫的圣安娜诊所，让梅尔斯曼教授，一个杰出的比利时牙医，给他矫正了牙齿，但到最后我们明白了还是贝尔加莫医生更有道理。在一次米兰德比前夕，他在代表青年队和布雷西亚比赛的时候，阿喀琉斯之踵终于出问题了，这对于卡勒来说，是一次残酷的磨难，最终导致他不得不提前告别他所热爱的足球。

有鲁梅尼格和阿尔托贝利在，我们有潜力让所有对手胆寒，但他们却总是一瘸一拐的状态，我在国米的第一个赛季，经常要排出乔奇和加尔里尼的替补锋线组合。即使是在这样的条件下，我还是把国米带到了第三名，与前一年的第六相比是有进步的。同时，我和佩莱格里尼从一开始就已经达成了

---

① 鲁梅尼格本名为"卡尔"，"卡勒"是他的昵称。

要在三年内出成绩的共识。第二个赛季，我们送别了受伤的鲁梅尼格，迎来了天才恩佐·希福，他是意大利—比利时混血，来自安德莱赫特，66 年黄金一代的一员。

1984 年法国欧洲杯上，18 岁的他已经征服了所有人。他就像是命中注定的球员：球技精湛、个性强、力量惊人，像是一个准备好让全世界惊讶的导演。但他当时或许太年轻，实际上在我的麾下他几乎踢了所有比赛，却没有进过球。他和马特奥里很难在场上共存，国米的球迷们开始担心球队又要面对两个互相不兼容的球员所带来的坏影响，就像几年前贝卡罗西和汉斯·穆勒那样。他不能和队友打成一片，不爱说话，总是躲在更衣室的一个角落里，每一次细小的是非他都要和他爸爸抱怨。我为他辩护了上千次，在国米球迷面前，在媒体面前，甚至在其他球员面前。

"大家伙儿，恩佐还只是个孩子，"我这样说道，"你们应该对他多一些耐心。不是所有人都像你们的贝尔戈米大叔那样生下来就老了。如果你们对他有信心，以后他会回报我们所有人。"

踢了几乎所有比赛却没有进球，这让我想到了从亚历山德里亚刚到米兰时的里维拉。同样是天资过人，但性格上却有极大的缺陷。锋线上我们又迎来了阿尔多·塞雷纳，我在尤文时的老相识，但他其实最初是在国米成长起来的，这是他第三次重返蓝黑军团。

那并不是一个成功的赛季，意甲联赛我们只拿到第五名，输掉了两次米兰德比，意大利杯和欧洲联盟杯也是铩羽而归。

事实上，在 1987—1988 赛季中期，我们就已经开始在为下个赛季做打算了。我找到佩莱格里尼谈话，我说得很明白："您必须在经济上投入支持我们，现在需要一次真正的改革。需要送走一些不符合我的战术思路的球员，然后去投资我的这份新名单。"

那份名单上的第一位便是洛塔尔·马特乌斯，拜仁慕尼黑和德国国家队的球星，他正处在合同年。显而易见所有欧洲大牌俱乐部都在打他的主意，所以必须要不计开销，迅速下手。除了马特乌斯以外，一个运动能力十足的金发小伙儿也深深打动了我，我观察过，他能踢中场，能踢两翼，也能踢后卫。他叫安德烈亚斯·布雷默，也在拜仁。他是朱塞佩·巴雷西的完美替代者，巴雷西是很优秀的球员，但他并不足以让我的球队再提升一个层次。

我的朋友弗朗茨·贝肯鲍尔曾在德国国家队执教过布雷默，也极力向我推荐他。

"加尼，布雷默太强了，连他自己也不知道他是左脚还是右脚更厉害，他左右脚都可以传球和射门，射门的力气像马一样。他的秘密在于他的右脚有精度，左脚有力度。"

"如果连'恺撒大帝'都这么说，"我想，"布雷默一定是值得的。"

我的计划还包括两笔有保障的引援：来自佛罗伦萨的尼科拉·贝尔蒂和来自切塞纳的亚历桑德罗·比安奇，半数意甲球队都在追求他们。贝尔蒂已经和那不勒斯有了接触，但我还是说服了他。我去了萨尔索马焦雷找到他的经纪人父亲，一个健谈的肉食店老板，而我和肉食店老板总是能相处融洽，最终我觉得对于尼科拉来说我确实是最适合他的教练，那个时候他还很年轻，精力旺盛，性格开放。

同样为了说服马特乌斯穿上蓝黑战袍，我并不信任任何中间人，而是亲自上阵。事实上我不请自来地去了他在德国的家。在一个下午我敲响了他家的门，还试图把他的妻子西尔维亚带到我的阵营里来。西尔维亚向他描述了被称为时尚和优雅之都的米兰城，而国米又是一个何其荣耀的团体，在有了洛塔尔之后，将会重新回到意大利的第一名。从德国回来之后我感到很满意，虽然还没有得到正式的肯定答复，但有足够的理由让人乐观。不过，几个星期之后，我却读到了马特乌斯和拜仁续约的新闻。

"真是不幸，主席先生，这些人太狡猾了。"我对佩莱格里尼说。

"什么意思？"

"意思是说，因为马特乌斯现在续约了，要想得到他我们需要付更多的钱，而我觉得这多付的钱将会被球员和球队分摊。我从来都不喜欢这种事情，但一直都无法避免。"

我们向拜仁提高了报价，终于同时得到了马特乌斯和布雷默（布雷默也是在合同年，但他不想留在德国，是因为他和教练尤普·海因克斯有分歧）。我们为马特乌斯付了高出常规的价格，而得到布雷默则顺利得多，那是因为我们已经高价买下了另一个球员，简单来说，这背后的逻辑是："如果你们想买我们的一个球员，就必须也买另外一个。"事实上，拜仁是有意留下这两名球员的，但最终的决定权在于球员自己的意愿。当然还有他们妻子的。

那是在规定意甲球队可以注册并派出三名外国球员上场比赛的第一年，而我那份早在春天就交给佩莱格里尼的名单最后以锋线箭头拉巴·马德杰结束，阿尔及利亚人，外号称"阿拉的脚跟"，这是因为他那非常有名的脚后跟进球，是他代表波尔图在 1987 年欧冠决赛里击败拜仁时所打进的。我们尽了最大的努力去说服他，我已经好几次亲自考察过他踢球，真的非常出色，但他也像马特乌斯那样追求者众多。又一次我去埃及观看阿尔及利亚国家队的比赛，再次考察他，但就在我的眼皮子底下，他大腿肌肉严重撕裂了。第二天我去找他，看到他大腿上敷着冰块。我们签订了一份意向合同，我便高兴地回到了米兰，但心中总有一丝关于这次撕裂的顾虑。大约一个月之后，他来到米兰做例行身体检查，之后我们把他介绍给媒体。他戴着国米的围巾，热情地向球迷们打招呼。就在这一系列庆祝活动当中，队医齐波拉找到了我说："加尼，我不想在聚会上扫兴，但我不能保证这名球员的身体健康，我从来没有见过像这样的撕裂。"

"不要这样夸张！"我有点儿恼怒，"每个人都会有至少一次的肌肉撕裂，只要休息一个月就会像什么都没有发生一样……"

"啊是吗？那么你看看这个吧。"他向我展示了 X 光片。

正常情况下大腿肱二头肌至少宽 3~4 厘米，但他的已经变得很薄，像一根棉花绳子。我一阵眩晕，感觉不到脚下的土地。我们找到佩莱格里尼一起讨论了这个问题。尽管已经向媒体公开，但正式合同还没有最终签订，我们仍然可以决定放弃购买他。就这样，马德杰从来没有穿上过国米的球衣，最后被瓦伦西亚挖走。后来我得到消息，他在西班牙踢的第二场比赛里再次肌肉撕裂，接着缺席了整整一个赛季。

我们又回到了起点，还缺少一名球员，但转会市场即将关闭。因为阿尔托贝利的离开，我们急需一个锋线箭头和塞雷纳并肩搭档，我们迅速决定引进阿根廷人拉蒙·迪亚斯。他是一个将近 30 岁的前锋，曾在 20 多岁的时候被寄予厚望，整个职业生涯先是在那不勒斯，然后转会到阿韦利诺，最后在佛罗伦萨度过。值得庆幸的是，迪亚斯比起马德杰更加无私，我们可以把他拉到边路，让塞雷纳居中，而那个阿尔及利亚人是绝对不会接受这种安排的。

整个球队的首发十一人中有五个新人。曾加作为门将；后防线上是贝尔戈米、费里和曼多里尼；布雷默在左翼；马特奥里、贝尔蒂和马特乌斯坐镇中场；比安奇在右翼；锋线上是塞雷纳和迪亚斯的组合。替补席上我有经验丰富的老将朱塞佩·巴雷西和凡纳，也有激情十足的小将维尔德利、罗科、西奥希和莫雷罗。

从字面上来看，那确实是一支我理想中的球队，但在国米你永远不知道会发生什么。比起我曾执教的那支老 AC 米兰，现在这球队更加疯狂，真的很难预料未来。不久之前，已经有过在理论上实力像现在一样强的国米。比如说在我到来的前一年，球队买了塔尔德利、凡纳和马拉戈，球迷们期待万分，但最终结果并不理想，所以这一次我最好也不要先许下空头诺言……

不过我确信已经有了一批值得依赖的球员。我指的是球员。相反，如果从性格的角度来看，事情发展得则有些不顺。说实话，更衣室并没有很团结，阿尔托贝利的离开没有像我预想的那样改善球队的更衣室氛围。在球队内部，有些人有着极强势的性格，总是倾向于引起争执。

沃尔特·曾加和马特乌斯都是天生的领袖，性格外向，有些自负，都觉得自己比其他人更好，因此他们俩并不会互相支持。很显然，马特乌斯是更受欢迎的那一个，毕竟他不是门将，曾加便很嫉妒。这同时也是一个关于球队归属感的问题。沃尔特，就像贝尔戈米和费里一样，从青年队一路奋斗到一线队，他觉得自己才是真正的国米人，不同于那些后来被买进的球员。我必须要对他很有耐心，他的性格有时很难控制，但那种激情同时也是我们球门的有力保障。

当我得知马特乌斯在结束训练后总是开车去瑞士和他喜欢的一个女孩幽会，我装作什么都不知道。像这种事情总是会让一个球员分心和疲惫，同时我也有义务去警告球员，但我和球员的相处哲学是去寻找平衡，即使有时候需要做出一些退让。马特乌斯，是那种很特别的球员：他总是需要得到认可，自我意识很强，总是需要有人告诉他，他很棒，非常棒，是最棒的。如果你让他觉得他自己很重要，他就会付出所有，否则他会倾向于自甘堕落。他有着一口奇怪的口音和一副傲慢的德国佬模样，但实际上他只是一个非常敏感的孩子。

有一次比赛，我们处于领先位置，但对手步步紧逼，所以我们需要更紧凑的站位来组织防守，我从替补席上向他喊道："洛塔尔，站好你的位置，不要破坏我们的阵型！"但他不听，脚下一拿到球，便低着头一直向前冲，让球队暴露出一个开口。

"洛塔尔，站好位，明白吗？"他仍然没有回应。

中场休息的时候，我带着怒火冲进更衣室，当着所有人的面训斥他道：

"你能不能用用脑子，你不能离开你的位置，你这样做是想我们丢球吗？"

他开始吐词含混不清，然后哭了起来，脱下球衣说："我不踢了。"简直就像一个孩子！也许我不应该当着整个球队的面训斥他，对于一个像他这样骄傲自负的人来说会很难消化。于是我让球队其他人统统出去，只剩下我和他在更衣室里。我开始哄他，甚至通过爱抚来安慰他："原谅我吧，你知道你才是这个世界上最强的球员！如果没有你，我们什么都赢不了……"最终我说服了他重返球场。

其他在球场外难以管控的人有贝尔蒂和塞雷纳。他们是球队中仅有的两个既没有妻子也没有女朋友的人，因此他们的私生活就比较开放。他们是两个爱玩儿的单身汉，喜欢夜出晚归，而米兰的夜生活也给他们提供了大把机会。最终我使用了我童年时代的管教方式：找人暗中监视他们。如果我抓到了什么把柄，我便找主席先生说他们需要一些惩罚。佩莱格里尼便会叫来他们进行训斥、罚款，并让他们保证以后不会再犯，要像一个职业运动员那样举止得体。但我们都知道 20 多岁的人许下的诺言是什么样，所以暗中监视仍然继续进行，我们绝对不能冒任何风险。

硬币的另一面是像贝尔戈米、费里或者曼多里尼一样的好孩子：有责任心，有教养，从来不需要对他们说什么，他们总能心领神会。我认识贝尔戈米是在他 22 岁的时候，而在那 4 年之前他就已经是世界冠军了。从性格上来说，他像是 50 多岁的人，也许对自己有些过于严格和苛刻。他对所有的事情都感兴趣，战术、对手情报、国际足球动态，他总是在我身边咨询我，向我学习，他很好奇，但也很严肃。球队里其他人都是典型的球员，时刻准备好开玩笑和嬉戏打闹。他却从不说一句笑话，没有青少年的那种轻浮。

我开始思考如何在球场上排兵布阵的问题。帕萨雷拉回到了河床俱乐部，我们也没有再引进新人代替，因此我决定让曼多里尼去领导防线。安德烈一直踢中路，速度很快，还能冲到前场参与进攻。贝尔戈米和费里都是出色的得分者，但对于组织进攻他们俩都有点害羞，不过这一点是布雷默的强项。费里有着出色的球技，但遗憾的是他后来出名仅仅是因为他带球出色。带球，带球，其实他比绝大多数中场球员都要优秀。我把马特奥里的位置后撤了几米，把贝尔蒂放在左路和布雷默进行配合，比安奇在右路和马特乌斯互相接应。而在锋线上是塞雷纳和迪亚斯这对奇怪的组合，塞雷纳作为传统中锋在中路顶在最前面，而迪亚斯站位则偏左一些。

为了找到场上位置的平衡，我费了不少劲：曼多里尼和马特奥里必须要适应新的角色以及站位，而后者还尤其喜欢不顾自己的位置向前冲，所以我必须自己再发明一种打法，在他不停抛弃自己位置的同时保护球队整体的利益。

马特乌斯，出色的德国领袖，总是一副很有攻击性的模样，常常积极自愿地做一些事情，而不管命令，但是我必须要说正是如此的性格让他在比赛中总是能做出更多的贡献。另外，幸运的是我可以依赖像比安奇这样的球员建筑师，他总是能运用超群的技战术意识很准确地阅读比赛。

在不懈的坚持下，我终于同时找到了合适的球队和合适的站位，并开始感到一些满意。

为了让参加了首尔奥运会的球员能够有喘息的时间，1988—1989赛季被推迟开始。夏季的意大利杯比赛也没有让我感到兴奋：在通过了第一轮之后，我们被拉齐奥和佛罗伦萨击败了。在与紫百合①争夺三四名的比赛里我开始感觉到一丝对我的不友好。

同时我也感觉到了来自管理层的冷漠态度，因此我的情绪开始有些低落，萌生了离开的想法。当球员明白了情况之后，做了一件对我来说意味重要的事情：曾加、贝尔戈米、费里、曼多里尼和巴雷西到我在阿皮亚诺－真

---

① 紫百合是佛罗伦萨队徽上的花卉。

蒂莱的办公室来看望我，请我留下。他们解释说，我才是最适合国米的教练，除了对我工作方式的认可之外，他们向我表达了一种非常真挚的感情。那一次我甚至不禁流下了几滴泪水，因为虽然我的确是一个易怒的人，但我同时也非常敏感。

那只是赛季刚开始，真正的联赛还未开始，而当联赛开始之后，便不再有任何负面的事情了。从最初几轮比赛，我们就展现出良好的状态，第五轮比赛之后我们就独霸榜首。只有拥有马拉多纳、卡雷卡和艾林美奥的那不勒斯，以及拥有荷兰三剑客古力特、里杰卡尔德和范巴斯滕的 AC 米兰还能勉强跟上我们的节奏。11 月底到 12 月初的时候，我们迎来了一系列重要比赛，既有欧洲联盟杯也有意甲联赛。在联盟杯里，前两轮我们连续淘汰了两支瑞典球队——布莱格，以及更有名气的马尔默，然后是八分之一决赛，我们的对手不是别人，而是马特乌斯和布雷默的老东家，拜仁慕尼黑。

那是 11 月底，在慕尼黑，不可思议的寒冷。曼多里尼因伤缺阵，我让维尔德利顶替其出场，撤下迪亚斯，把布雷默放在中路，朱塞佩·巴雷西踢后腰，马特奥里踢 9 号位，塞雷纳顶在最前面。我决定使用一套相对保守的阵容，因为拜仁是一支老辣的球队，他们有着极其狡猾的老球员奥根塔勒和纳赫特韦，有一条由沃尔法特和威格曼组成的年轻的锋线，还有一个天才球员奥拉夫·托恩坐镇中场。在联赛里我们一切顺利，积累了优势，所以我们把所有的心思和能量都放在这场在奥林匹克球场的挑战上了，并希望能够成就一番事业。

上半场拜仁门将奥曼做出了两次精彩的扑救，沃尔法特在一次一对一面对曾加的时候错失了进球。一次任意球配合，罗伊特从外围远射打在门柱边角上，但慢慢地我们开始掌控场上的局面，并踢出了一场杰出的比赛，所有人都拼尽了全力。我们取得了两个进球，为下一回合打下了完美的基础：布雷默在我们半场四分之三处抢下球，长传找到塞雷纳，后者形成单刀，左脚挑射，球越过奥曼，跃入球网。

第二个进球被称为"贝尔蒂之球"，载入了史册：同样是从我们半场四分之三处开始，断下球之后沿着中路直线长途奔袭直至拜仁禁区，一脚半高球抽射入网，全部由贝尔蒂一个人一气呵成。一个这样的进球足以让他成为球迷心中神圣的偶像。客场我们以 2 ：0 击败拜仁：这是我整个教练生涯里最美好的比赛之一。

我转身走向卡米洛切德拉迪，国米的老随队，对他说："要感谢修士，这一次他给了我们对的圣水。"切德拉迪事实上是球队官方的圣水供应者。他有一个修士朋友也是国米球迷，每个星期都会送来一瓶圣水。他微笑着，在整晚的庆祝活动里弄碎了无数根香烟。切德拉迪戒掉了烟，但他并不想戒掉每天每个小时揉搓香烟的习惯。比起抽掉香烟，他更喜欢用手指夹住香烟，然后一毫米一毫米慢慢地弄碎它，欣赏着自己这荒诞的行为能够给他带来无穷的乐趣。他每天要损耗掉两包香烟。

两个星期之后的圣安布鲁斯之夜，我们搞砸了一切。当时我穿着第一回合穿过的同一件驼色大衣，但那还不够。因为手握 2 ：0 的大好优势，我决定不要太冒险，同时也因为迪亚斯因伤缺阵，而莫雷洛没有国际比赛的经验，所以我排出了与上一回合相同的首发阵容。开场半个小时，沃尔法特为拜仁打进一球，并害得布雷默受伤。这次双重打击破坏了我的全部计划，我迫不得已把巴雷西调到中路，让青年的罗科替补出场踢左边后卫。罗科是一个前途无量的孩子，但他性格上还不够成熟，不足以对抗像拜仁那样推土机式的球队。拜仁感觉到我们流露出的恐惧，并充分利用接下来我们战术混乱的 10 分钟，由奥根塔勒和威格曼再进了两球。瑞典前锋约翰尼·埃克斯特罗姆像是发了狂，以速度优势轻松穿透了我们的防线，再把球分给他的队友们，仿佛这是世界上最简单的事情。在中场哨响起之前，贝尔蒂助攻塞雷纳打入一球，我们缩小了一点儿差距。如果这个比分保持到终场，仍将是他们晋级，但我们还有一个下半场的时间来努力扳回劣势。中场休息的时候我训斥了我的球员们，我们决不能让球迷们经历被大翻盘的失望，我们要保持冷静，踢出我们自己的水平。我把马特奥里留在更衣室，让莫雷洛上场以便在进攻端协助塞雷纳。与平时的首发阵容相比，此时在球场上有三处变化：自由人科拉多·维尔德利，前证券公司接线员，被体育总监贝尔特拉米在地区联赛里发掘；帕斯夸勒·罗科，来自帕代诺杜尼亚诺，刚刚年满 18 岁；和达里奥·莫雷罗，20 岁。我早就清楚地知道我们不能从这些小孩子身上奢求太多，尽管他们已经拼尽了全部。

下半场我们狂轰拜仁的球门，却难进一球。球迷们仍然还记得在第九十分钟时贝尔蒂一个带球回转所创造的机会，他把球传给莫雷洛，但莫雷洛并不是左脚将，于是踢飞了我们晋级的最后机会。

我当时非常失落和愤怒，我并不是唯一一个。看看切德拉迪那张发疯的脸，他同时弄碎了两根香烟，而不是一根。同时两根。那是他第一次这样做，我想那之后他再也没有这样做过了。

"修士这次给的是什么圣水？"我问他。

"我想他这次搞错了，圣水肯定被他自己喝掉了。"他回答。

失利后的三天里，我们努力重拾破碎掉的心，把精力放在紧接而来的米兰德比，这可是能够决定整个赛季成败的一场比赛。曼多里尼仍然缺阵，所以我继续派上自由人维尔德利；迪亚斯伤愈归队，我本应让他上场和塞雷纳搭档，但我决定给凡纳一次机会打 9 号位。在 AC 米兰阵中，塔索蒂、巴雷西和马尔蒂尼所组成的防线总是会向前压上，因此像迪亚斯这样的球员会给对手留下空当，尤其是面对塔索蒂的时候，相反，要不是因为凡纳在场上发挥的作用，我们肯定会输掉比赛。这个策略一开始的时候受到很多质疑：记者们一开始都认为我疯掉了，在对阵红黑军团的时候居然撤下像迪亚斯这样的球员。但最终的结果证明了我的想法，我们 1∶0 赢下了比赛，进球来自莫雷洛接到贝尔戈米的传中后一个精彩的鱼跃冲顶。比赛接近尾声的时候，一股满足感涌上我的心头，球队在一场重大失利之后能立刻恢复并投入到新的战斗中，这让一切风波都平息了下来。意甲联赛仍然有 26 场比赛要踢，我不能公开说出来，但在心里我已经感觉到我们将会经历一个伟大的赛季。

第一场败仗直到上半赛季最后一轮比赛才到来：又是对阵佛罗伦萨，又是 3：4 败下阵来，就像几个月之前的那场意大利杯比赛。决出胜负的一球由斯蒂法诺·博格诺沃打进，那是一次他和巴乔之间的精彩进攻配合，源自贝尔戈米一次糟糕的回传球。就这样，正如夏天的那场 3：4 激发了球队的斗志让我们发奋图强，这场冬天的 3：4 也为我们在下半赛季高歌猛进联赛夺冠奏响了序曲。

具有决定性意义的一场战役在 1989 年 5 月 28 日，在圣西罗主场对阵那不勒斯。我们当时位于榜首，积 53 分，那不勒斯第二，积 50 分。如果那不勒斯赢下比赛，他们就有机会上演联赛大翻盘，但如果我们赢了，我们将会是意甲冠军。

在整个上半场处于被动的情况下，我们最终 2：1 战胜了他们。分出胜负的一球来自洛塔尔·马特乌斯的任意球破门。最不可思议的是，洛塔尔第一次主罚的任意球便破门了，却被裁判阿格诺林吹判重新罚，理由是人墙提前移动了。　个球员连续罚两脚任意球都能罚进，这样的事情并不常发生，但那是不可思议的一年。洛塔尔重新把球放在相同的位置上，同样的助跑路线，轰出一脚大力低平球，从人墙脚下穿过，钻进死角。胜利归来。

那一年的国米被称为"创纪录的国米"：我们拿到了 68 个积分中的 58 个，17 个联赛对手中有 10 个被我们击败了两次，只有尤文和我们两场比赛都打平了，其他所有球队都至少被我们击败了一次。那也是属于阿尔多·塞雷纳的一年，在那个赛季之前，他从没有在哪一球队待满过两年，我在尤文的最后一段时间里训练过他。我非常信任他，在我的战术安排下，我觉得他一个赛季平均 10 个左右的进球数会有所增加。事实证明了我的推测，那个赛季他进了 22 个球，拿到了最佳射手。

最终的积分本可以轻松达到 60 分，如果我们没有在倒数第二轮输掉一场非常奇怪的比赛，虽然那个时候我们已经庆祝过在意甲联赛中夺冠了。说比赛奇怪是因为我们 0 : 2 输给了已陷入绝境的都灵队，他们还在为保级而战。我没有派上马特乌斯和布雷默，而是让加尔瓦尼首发，但剩余的球员都是平时的首发。也许是因为我们缺少动力，考虑到我们刚刚从一场庆功晚宴归来，显然我们都开心到忘记了时间，影响了休息；也许是因为里卡尔多·费里请求我们帮助都灵保级，因为他的哥哥贾科莫在都灵踢球。事实是我们的记录停留在了 58 分，但这足以载入史册，载入所有蓝黑球迷的记忆里。对于球迷来说，那一支国米始终是"无敌的"。

与萨基的 AC 米兰的敌对竞争仍在继续。媒体没有赞美国米的成就，而是在歌颂红黑军团欧冠的胜利。"国米赢了，但踢得太丑陋"反复出现在我看到的每一份体育报纸中。萨基是新生代，我是老骨头。萨基是耀眼的未来，我是积满灰尘的过去。

关于我这个人，他们说什么都可以，我不会受到任何影响，就像我赢球之后也不会过度欣喜。但我不能忍受那些夸张的言论，那些无中生有的标签。AC 米兰从 1998 年的意甲冠军到 1999 年的欧冠冠军确实很了不起，但他们在面对我的球队时却败下阵来，所以真相是什么呢？我的战术真的已经可以被抛弃了吗？在我们所向披靡的一个赛季之后，真的有理由批评我们吗？

我当时唯一的选择便是要延续我的成功。我知道那极其困难，尤其是在像国米这样的球队。随着时间流逝，我慢慢能够感觉到国米也许是一家只能在短期内辉煌却缺乏连贯性的俱乐部。三个意甲冠军和两个欧冠冠军都发生在 60 年代那四个辉煌的赛季，70 年代初国米在因韦尔尼齐的带领下奋起夺冠，10 年后在贝尔塞里尼手下又一次重燃斗志，接下来 9 次历经 9 次沉浮后，便是我那支"创纪录的国米"——23 年的意甲联赛 5 次夺冠。虽然数据统计从来不能真实地展现所有，但从中还是能够明白一些事情。23 年的时光里俱乐部只经历过三任主席，所以从没有过迅速的跨时代性的变革或者更新。简单来说，俱乐部的成功没有连贯性，而我的目标是试图改变这种状况。

尤文的氛围就很好，博尼佩尔蒂、朱利亚诺，尤其是大律师阿涅利总是习惯于胜利，从不允许任何形式的退步。成功后的第二天便将所有的成绩归零，然后从头开始。相反国米并不习惯胜利。

在创纪录地赢下联赛冠军之后的第二个赛季，我们必须要明白：唯一不能做的事情便是躺下来享受之前的胜利，然后止步不前。我肩负着带领球队前进的责任感，不停地去鼓励球员，毕竟在球场上厮杀的终究是他们。但事实是我们从一开始便搞砸了所有事情，并没有保持住上个赛季的势头。

我保持了球队的阵容，唯一的变化是引进了德国国脚克林斯曼，一个伟大的射手，代替拉蒙·迪亚斯。现在我们拥有了"德国三驾马车"，和 AC 米兰的 3 个荷兰人形成对比。

在联赛胜利之后，我们赢得了参加欧冠的机会，我们怀着极大的热情，但同时也面对着凶残的对手。结果是：在第一阶段我们就被瑞典球队马尔默淘汰了，上一年欧洲联盟杯的老对手。

瑞典冠军马尔默的教练是英国人罗伊·霍奇森，他对于国米接下来的历史具有重要的意义。那是一支典型的斯堪的纳维亚球队：身体上硬朗，但技术层面肯定是不如我们。在首回合客场比赛里，我们踢得非常不好，0：1 输掉了比赛，但完全有可能回到主场后翻盘，但在那个回合的主场比赛时，我的球员们太过自信了。我们由塞雷纳勉强攻入了一球，并在加时赛里苦苦挣扎，直到曾加的一次失误让恩奎斯特把比分扳平。球迷们送上了愤怒的嘘声。佩莱格里尼来到更衣室里大声吼叫,痛骂球员。所有人都垂头丧气。对于俱乐部来说,这是一次损失了几十亿里拉的惨败;对于球员们来说,这是一个刚刚开始便结束了的梦想。

那是一个从一开始就不顺的赛季,我们踢得很差。几个星期之前,9 月 3 日,球队在博洛尼亚经历了一场苦涩的 2∶2 之后,球员们刚刚坐上大巴准备返程,那个时候我在库萨诺—米拉尼诺的家中观看《周日体育》,就在这时桑德罗·奇奥蒂让大家安静,并用比平时更嘶哑的声音向大家宣布,加塔诺·西雷阿在去波兰考察戈尔尼克·扎布热的路上出车祸意外身亡,同时我们杯赛的下一个对手是尤文。我动弹不得,难以接受那些荒诞的词语。马可·塔尔德利,奇奥蒂的客人,含糊不清地找了些借口便含着泪水匆匆离开了电台工作室。在那个时刻,我应该向现实投降。西雷阿是我在都灵 10 年里教过的最好球员之一:一个能让人脱帽致意的运动员和男人,无法复制的忠义象征,在球场上从不会放倒任何一个对手。

"加塔诺,把他推倒!"我在替补席上向他喊道。

"先生,您知道我做不到!"

在奇奥蒂宣布消息后的瞬间,我开始接到前球员们打来的电话雨。那是一个糟糕透了的周日晚上。

1989—1990 赛季我们最终只拿到了第三名,唯一的成就则是我们赢得了意大利超级杯,那是在 11 月,对阵桑普多利亚,那似乎是一个我和足球没有任何关系的 11 月:东德人民的抗议异常轰动,月初的那段时间我因为柏林墙的问题而感到心灰意冷。那些和我同龄的人,我们是在世界大战之后的氛围里长大的,见证了欧洲被铁丝网一分为二,那曾是一个完全无法想象的场景。此时此刻快速回想那些往事,我哽咽了,我曾多次因比赛需要在东欧冒险旅行,感觉在那个世界里仿佛住着我的一位远房亲戚,却注定只能成为一个回忆，只能停留在一个 20 世纪的古怪括号里。一个持续了将近 50 年的时代就要终结了，它和我同龄，人生第一次我感觉到自己老了。

放弃？不放弃？我一直在脑中质问着自己。

所有认识我的人都知道，我总是睡得很沉，我可以在大巴车上坐着睡，在灯光和噪音里睡，但只要我醒着，我总是专心致志。我觉得那是传统天主教教育带给我的礼物：那种对于完美的义务感和愧疚感。

放弃，还是不放弃那支疯狂的国米，那疯狂的米兰城？球迷们，媒体，佩莱格里尼放纵的野心，都被新赛季 AC 米兰的辉煌所碾压。太多焦虑的理由，太多信号在告诉我应该放弃。

"德国三驾马车"醉醺醺地从意大利世界杯凯旋，在决赛里他们凭借布雷默在比赛结束前 5 分钟的一个点球战胜了阿根廷。洛塔尔·马特乌斯是世界杯上的最大主角，12 月份的时候他拿到了金球奖和世界足球先生的双料荣誉。对于像他这样的人来说，所有的这些成功都是他生命中最重要的部分。前一年，当我们正遭遇被马尔默淘汰出欧冠的噩梦时，他没有跟我们打招呼就在德国私下做了脚踝手术；他牺牲了大部分在国米的时间，就是为了能够以最好的状态去踢世界杯。有些时候球员们会做这样的事情，但我却对此特别反感。我和洛塔尔之间的关系总是如此：我们在面对彼此时，总是直接在脸上表现出不满、恶语相向，但对于那些重要的事情，我们便会保持沉默。我们之间保持着一种奇怪的平衡，同时希望这种情况能得到改善。

斗志昂扬的德国人，稳定的球队阵容，意甲联赛开始朝我们希望的方向发展。和去年相比，联赛里的制衡关系变化了：那不勒斯危机四伏，早早就退出了冠军的争夺；尤文刚刚换了主席和教练，博尼佩尔蒂和佐夫被蒙特泽莫罗和麦弗雷迪替代，尽管他们买入了罗伯特·巴乔，但失利还是接踵而至。最终的冠军争夺战在我们、AC 米兰和拥有维亚利和曼奇尼的桑普多利亚之间展开。

在欧洲联盟杯里，一开始对阵维也纳快速，我们遇到了一些困难，马尔默惨案险些再次上演，但经过加时赛的争夺我们得以晋级。第二轮比赛我遇到了更难啃的一块硬骨头：阿斯顿维拉。最终我们背着沉重的 0：2 从伯明翰铩羽而归。

"特拉帕托尼下课危机"，报纸上这样报道着，都是老调重弹。一部分球迷开始希望我走人。创纪录的辉煌已经远去，同样远去的还有当年在尤文的那种舆论氛围：争论来得快去得也快，俱乐部不会动任何一根手指去理会。在米兰城工作真的很难，我一直都知道，但我仍然想要挑战。在第二回合主场对阵维拉的那晚，则又一次见证了洛塔尔·马特乌斯的真本事。他确实经常换女性伴侣，但对于球场的无限热情却是不变的。那天晚上在更衣室，他抢了我的位子，并代替我发表全队动员讲话："阿斯顿维拉赢了我们 2：0，对吗？阿斯顿维拉身体上很强壮，对吗？但国米更强！现在让我们进场，把他们杀个片甲不留。"

那是一场载入了国米史册的比赛。一场精彩的 3：0 大翻盘重新赢回了球迷的心。进第三个球的时候，整个球场沸腾了，所有的人都在狂吼"国米，国米"，呐喊声响彻全场，让我们相信我们还是那支伟大的球队，时刻做好准备去争夺联赛冠军，去挑战萨基的 AC 米兰和他们所谓的现代足球。

放弃？不放弃？这个疑问仍然在我的脑海中盘旋。而正是在赢下阿斯顿维拉之后，我下了决心要离开，这一次我是认真的。我和佩莱格里尼之间开始出现裂痕，5 年来我们每天见面，所以自然而然地，我们的关系肯定会被慢慢地损耗掉。我提前很久就把决定告诉了主席先生，以便球队提前做好对未来的打算，我一贯如此。

"主席先生，这个赛季结束后我就离开，我现在告诉您，这样真到了那个时候，您就已经做好了准备。"

他眼睛也不眨，便回答："好的，我们再说吧。"

2月份的时候，我再次找他，他仍然不正面回应我："还不到时候，我们还在争夺意甲冠军和欧洲联盟杯冠军的路上呢。"

他说得对，但这并不能改变我的决心。我想离开，希望他能够理解并早做准备。看起来如果我只是口头表达，他并不会立即接受我的决定，我便拿起纸笔写了一封离职书，写明了赛季结束后我和俱乐部的关系终止。在那个时间点，我非常清楚我不会再改变想法了。我那时心态很好，一心只想认真工作，认真对待余下的在蓝黑军团的日子。

不过意甲冠军最后被桑普多利亚收入囊中，决定冠军归属的一场比赛在主场圣西罗举行，我们以 0：2 奇怪地输给了他们。马特乌斯踢丢了一个点球，那脚射门势大力沉却无奈踢得太正，球直奔帕柳卡而去，后者在赛后承认那脚射门的力气是如此之大，把他脖子上戴着的小纪念章都踢掉了。桑普多利亚则在两次快速反击中由多塞纳和维亚利打进了两个精彩的入球，他们俩从小就都是国米球迷。贝尔戈米和曼奇尼大打出手，双双被驱逐出场，裁判迪里亚还吹掉了克林斯曼的一个有效进球，佩莱格里尼异常生气，在媒体面前说出了各种脏话。

命运的嘲讽，两个月前桑普多利亚主席曼托瓦尼曾联系了我，询问我成为他们球队新主教练的可能性。我们在私下见了一面，但在那之后不久，我接到了来自阿涅利的电话，仿佛有一只鼹鼠把我准备离开米兰的想法告诉了全世界。

那是 1991 年 3 月 17 日，我 52 岁生日那天。一大早电话铃声响起，这让我回忆起以前在都灵的日子，当我拿起听筒的时候，我一瞬间就听出了律师那辨识度超高的声音。

"特拉帕托尼，首先我要恭喜您在国米所取得的成就。这几年里你们一直都在给竞争对手制造麻烦，你们还有两个出众的球员让尤文嫉妒不已。但我听说您现在正准备离开那里，并很有可能去桑普多利亚。如果我能给您提个建议，那我建议您应该重新回到我们身边。热那亚是一个非凡的城市，桑普多利亚也毫无疑问非常优秀，但您的家是尤文，您也清楚这一点。您也知道我们的大门永远为您敞开。我们到了该做出改变的时候了，这几年来的发展并不像我们希望的那样顺利，而您是带领我们重新开始赢球的正确人选。除此之外我还有一个重要消息要告诉您，博尼佩尔蒂准备重新回到尤文了，即使不能再次当上主席。他将会在管理层工作，手握实权。"

吉亚尼·阿涅利那极强的说服能力并没有随着时间的流逝而减弱，在我们私下里的交流中他几乎就要说服我了。我只是感谢了他们能给我机会和对我的信任，我对他说我会认真考虑的。有一些媒体开始报道，我将会是国家队的新主教练，但他们都搞错了。

我不能再把所有事情都藏在心里了，因此我紧急找到佩莱格里尼，告诉他下个赛季我很有可能会回到尤文。

"你的这个决定真的让我很失望。我更倾向于你去执教国家队。其实你本可以做得更绝情，如果你选择去 AC 米兰的话……"

我和国米的合同直到 1992 年 6 月才会结束，但在离职信中我已经很明确地表达了我离开的决心，即使我要付出留在这里一年什么都不能做的代价。佩莱格里尼，又一次没有正面回应我的要求，他也许在试图让我明白只有他才有权力决定我能不能与黑白军团签约。另一方面蒙特泽莫罗在电话里告诉我出了些新状况，也许一切都要泡汤。尤文似乎有意签下托米斯拉夫·伊维奇去替代麦弗雷迪。这对我来说可不是一个好消息。与此同时，和桑普多利亚的谈判已经不了了之，最后一个选择则是留下来被软禁一年不能执教。接下来发生的事情我只能在脑子里想象：也许是真实的，阿涅利给佩莱格里尼打了电话，他们俩进行了一场商人间的对话。结果是第二年我真的回到了黑白军团的教练席上，而实力强劲的中场球员迪诺·巴乔（刚刚从都灵转会到尤文）则穿上了蓝黑战袍。只是租借，可能是为了省钱。但我从没有听说过任何关于教练和球员互相交易转会的先例，这绝对是一个大新闻，最终官方也明确指出了迪诺·巴乔是我能够重回老妇人的交易筹码之一。

当这出肥皂剧在不停的电话往来中继续的时候，我仍尽力将我的全部能量投入到带领球队踢好赛季余下的比赛中。桑普多利亚赢得了意甲冠军，我们和 AC 米兰并列第二，但与此同时，我们闯进了欧洲联盟杯的决赛，对手是拥有鲁迪·沃勒尔的罗马队。黄红军团是我最不想挑战的对手，并不是因为对手的实力，而是因为在欧洲赛场上的意大利德比向来都非常艰难。当面对外国球队时，所有人都会站在你这边，但当面对意大利球队时，拥护那支球队的球迷和媒体会结起盟来给你施压。

我非常想在离开时给国米留下一座奖杯。国米还从来没有赢得过欧洲联盟杯，而自 1965 年以来，就压根儿没有赢得过任何欧洲锦标赛的冠军。这将是一件再美妙不过的离别礼物了。

首回合比赛在圣西罗，我们赢了一场漂亮的 2：0。我要求全队不能以为冠军已经到手，不能掉以轻心，要时刻牢记当年面对拜仁时的教训。

第二回合比赛，我们踢出了"特拉帕托尼式"的比赛方式，我在前场只放了克林斯曼一个箭头，中场皮济出现在塞雷纳的位置。我们把 0：0 的比分几乎保持到了终场，但在第八十分钟里兹特利打进了一球，我们又一次要在惊恐中面对这可能让人发狂的最后 10 分钟。但一切都顺利，欧洲联盟杯冠军是蓝黑军团。

在回程的飞机上，我享受着我的球员们那真诚而又无法抑制的喜悦。这个奖杯也算是对我和佩莱格里尼之间近乎病态的紧张关系的一种补偿。他坐在飞机的前排，而我坐在他后面几排。我们彼此连一个字都没有说。

随着时间推移，我对主席先生的为人越来越了解。并不仅仅是我即将到来的离开让他变得如此冷漠，同时也因为他的嫉妒心。创纪录的意甲冠军和这次的欧洲联盟杯冠军，会被人们以"特拉帕托尼的胜利"的名义而庆祝，而佩莱格里尼将会被忽略，这似乎成了定理。在阿涅利的一个并不好笑的笑话中，他曾把佩莱格里尼定义为"您的厨师"。但事实是，如果不是主席先生的努力，球队中的德国人就永远不会来到这里，想赢得胜利会变得异常困难。同时值得称道的是，主席先生从不牵着我的鼻子走，相反，他把球队的管理工作统统交给我。在球队踢得不好时，他也不会抱怨很多。

我们在圣西罗附近庆祝了胜利。那是一场美好又夸张的送别晚宴，仿佛整个米兰城都喝醉了，我们喝着酒，和许多漂亮女孩一起跳着舞，贝尔蒂和塞雷纳在桌子旁唱着歌。

在离开之前，我给我每一个球员都亲手写了信。这几年来的节奏一直都非常紧张，而我在完全依靠自己的情况下终于赢得了一些东西，我把曾是一盘散沙的球队调教到近乎完美，其实我只是想说，尽管我要走了，但我不会忘记那些球员中的任何一人。

最特别的那封信是写给安德烈·曼多里尼的。自从球队来了塞尔乔·巴蒂斯蒂尼之后，安德烈就不再那么被看重了，我知道他一直在为此受苦。我在信中给他写道，他应该尝试去理解我，他作为球员确实难以麻木地去接受教练的决定，而他早就已经显露出未来成为伟大教练的潜质，这是他命中注定的。他应该会记住我所说的这些话。我的预测也最终被证实了：曼多里尼已经成为一个伟大的足球教练了。

第 11 章　另一个尤文队

　　我独自一人回到了都灵。宝拉和阿尔贝托留在了库萨诺—米拉尼诺我们几年来住的家里，而我的女儿，亚历山德拉结婚后搬离了我们的家。换换新鲜空气对人有好处，我们都知道。但我的情况是个特例，更像是回归过去。不过，这只是表面上的。1976 年，我空降尤文的时候，球队已然训练有素，而后我慢慢地将它变成了我理想中的球队；如今，我面对的却是一支排名第七，无缘各大欧洲球赛，受尽屈辱的球队。再一次，我和博尼佩尔蒂在训练的空余时间里，一起反反复复地推敲对策和战略。如同在国米那样，我同时还需要担任俱乐部高层和球员们之间的中间人，好在我已经习惯了这份工作，做得也不错。

　　球队的首发编制中，不乏有能力的队员。首当其冲的是罗伯特·巴乔，意大利足坛的一位巨星，虽然年纪尚轻，但已经备受追捧。显而易见，我们想重整旗鼓就要仰仗他了。巴乔有着自己的个性，可更重要的是，也有着一双非凡的脚。他与斯基拉奇、卡西拉吉组成的强有力的"三叉戟"，我非常有信心。我延续了在国米时期从拜仁挖球员的作风，请来了两位狂暴的后卫——科勒尔和罗伊特；守门员，我请来了佩鲁齐；我从莱切队请来了安东尼奥·孔蒂作为中场，他是我喜欢的球员类型，永不停歇、退可防、进可攻、顽固，表面上普通，实则比场上许多比他有名气有球技的队员更懂得赛况。我可得好好感谢亲爱的卡洛·马佐尼向我推荐了他。

　　1991 年我们没有取得任何成功，但我们一路挺进了意大利杯的决赛，对手是在内维奥·斯卡拉手下"冉冉升起"的帕尔马球队；另外，我们在联赛中的表现也进步了许多，排名第二，紧随卡佩罗麾下群星璀璨的米兰队。

那年，我对詹卢卡·维亚利做了大量工作，可他不愿意离开热内亚，他在那里适应得非常好，还和曼奇尼组成了一个绝妙的前锋双人组，当然，也与之成了挚友。热那亚对于他这种爱享受的人来说是个好地方：阳光、沙滩、传说中的"桑普多利亚共和国"。凭借这个体系，球员们可以开会决定球场上的分布，博斯科夫则扮演着慈祥的大家长的形象。在我锲而不舍地穷追猛打下，甚至不止一次到克雷莫纳登门拜访，我才最终能成功地在1992—1993赛季将他挖来了尤文队。

我和博尼佩尔蒂的想法是另外再签下博格坎普，将维亚利移到中场。这看似是一个不切实际的空想，其实不然，詹卢卡是名可塑性非常强的球员。如果能实现这个计划，那可真是太棒了，但不巧的是博格坎普选择继续在阿贾克斯留一年，所以维亚利做了锋线箭头。在球迷的极大不满下，我们让斯基拉奇转会了，他是意大利90年代的国家队英雄，有一颗强大的心脏和如炬的目光，不过，我们负责进攻的有维亚利、戴维·普拉特、安德烈亚斯·穆勒和法布里齐奥·拉瓦内利，他们已经足够。迪诺·巴乔的借期已满，重回队内；其次，我想提一个小伙子的名字，他是我个人打下的一个赌，他是一名业余爱好者，当维罗纳俱乐部的主席向我推荐他的时候，我决定亲自去观察他。他叫莫雷诺·托里切利，在一家家具厂工作，同时在卡拉泰队①打发业余时间。一个伦巴迪大区的木匠，如同我的老伙计桑德罗·萨尔瓦多雷。我在他身上也看到了些许自己当年的影子，当着印刷工人，心里却幻想着圣西罗。

我找到博尼佩尔蒂跟他说："有人对卡拉泰的一个年轻人评价还不错，

---

① 卡拉泰足球俱乐部建立于意大利北方蒙萨和布里安萨省的一个市镇，当时是意大利的乙级球队。

我想让他面试。"

博尼佩尔蒂看重我的第六感，问我："可以，他几岁了？"

"22。"

"22岁？抱歉，加尼，如果他22岁了还在卡拉泰队，那么只能说明他没有实力。我以为你谈的是一个小孩儿！"

理论上，他是正确的，但我还是固执己见，组织了三场夏季友谊赛，分别对阵普洛维尔切利、维琴察和安科纳，让托里切利在一队接受考验。当我找到他，告知我的意愿的时候，我看到他眼中闪耀出了一丝喜悦和不可置信的光芒，这光芒也充盈了我的心房：那正是我眼中喜爱足球的模样。

莫雷诺在试用期间表现得非常热忱，最终我们在1992年的夏天成功签下了他，用5000万里拉和来年的一场与卡拉泰的友谊赛交换得来的。不久后他就成了首发队员。

那时的尤文队缺乏一些平庸又谦卑的队员，队员们的个性完全与这些品质相反。人人认为自己鹤立鸡群，想各抒己见（维亚利、巴乔、拉瓦内利、世界冠军安德烈亚斯·穆勒、科勒尔和普拉特），管理他们既需要耐心也需要经验。经验，我不缺少，然而保持耐心，却不是我的强项。

拉瓦内利作为新来的队员，浑身充满了干劲儿，可他同时也是个内向又寡言的人，我不能总是让他上场，所以他经常私底下嘟囔抱怨。作为一个教练，这种行为总是让我的耐心蒸发耗尽。教练从不会因为私人原因让某位队员代替另一位上场，他该思考的永远只是如何获得最好的成绩，仅此而已。普拉特因为关节半月板的一些问题缺席了3个月的训练，这简直让我陷入癫狂，甚至怀疑他是否是不愿意来参加训练。他也跟拉瓦内利一样，在健康时总是要求上场，而我并不能满足他。

对于巴乔来说，那是丰收的一年，他进了21个球，还在1993年底获得了金球奖。论技术、速度和发球的准确度，他在全世界鲜有对手，是能一人解决整场比赛的球员。但，因为他在战术上的不服从，所造成的困扰与他解决掉的问题不相上下。我和他建立了一段不错的关系，尽管这其中穿插着一些争吵。我有时会指责他没有团队精神，不回到中场伸出援手，在这种情况下，我会发出一声特别的口哨，他清楚地知道，也非常不乐意听到。他的弱点，如果这能被定义为弱点的话，就是他不爱阿谀奉承的性格。他不爱成为众人的聚焦点，但每个人都有自己的性格，这无可厚非。如果有几次他与我冷面相向的话，肯定是因为我正直地一视同仁，没有丝毫偏袒他。可能之前麦弗雷迪让他习惯了受宠，没有要求他付出和其他人一样的努力和激情。但，不管他喜不喜欢，这套对我不管用。对于我来说，恰恰是能力最强的队员，需要率先做出榜样。

尽管在联赛中的表现并不出色，我们迎来了第三个联盟杯（对于我和尤文队来说都是第三个；而且，那是我的第十七个杯赛，我的幸运数字）。对阵多特蒙德的那次双决赛，毋庸置疑地展现了我们显而易见的优越地位。那场胜利带来的最大满足，不仅仅是两位巴乔在两场比赛中的进球，更是距离我们与卡拉泰队的友谊赛一年后，见证了"木匠"托里切利举起了足协奖杯。真是一个有着美好结局的童话。

1993年的一天，大律师阿涅利将我叫到一旁，语气分外沉重："您知道的，特拉帕托尼，菲亚特有个规矩。75岁以后我们就必须得退休，卸掉所有的职务。明年公司就会转到我弟弟翁贝托的手上，因此我再也不能保全您了。我还要对您说，我弟弟肯定有着与我截然不同的想法，也会带来一个全新的团队。"

无须多说，这就够了。不久后博尼佩尔蒂就对我坦承他即将上交辞呈：尤文俱乐部内，一场暴雨将至。当时我还面临着一个赛季，和一份需要守诺的合约，但世事无常，我需要重新审视自己的处境。

通过帕多瓦俱乐部的主席皮耶罗·阿格拉迪的引荐，在夏天我们从乙级提拔了一位非常年轻的前锋，亚历山德罗·德尔·皮耶罗^①。我让他与一队一起训练，那时我就领悟到他是个天选之才。前锋位置，我们已经有了穆勒和罗伯特·巴乔这两大主角，亚历山德罗有些太嫩了，所以我决定把他交付给库库莱杜参加意青杯^②，他为球队带来了胜利的双丰收，同时赢得了意青杯和维亚雷焦联赛。我在球队休假的时候老是带上他，还让他在意甲联赛和各个杯赛中上场过 14 次。

尤文俱乐部改朝换代的时刻终于到来了。莫吉、吉拉乌多和贝特加被提拔，博尼佩尔蒂的常务董事的职位被博比·查尔顿取代。表面上，这是为了有连贯性，实质上是在重要位置上来了次大洗牌。卢奇亚诺·莫吉是个特立独行的人，我认识他多年。他在"代理人"这种职业叫法诞生之前就开始做起了代理人。他在都灵俱乐部长时间担任总经理，不过，在那之前，他就已经作为外部人员和尤文开始合作：他是第一个把年轻的保罗·罗西推荐给托斯卡纳俱乐部的人。

莫吉和翁杯托有着很深厚的友谊，而我被晾在了一边，其实，大律师早就提醒过我不会再被他们纳入新的领导层。一些都灵的记者朋友指出，马尔切洛·里皮很有可能会接替我的位置来到黑白球队的看台上，即使我还没有正式对球队做出任何告别，但懂得审时度势的人已经充分察觉到了这份意图。

4 月末，我宣布接受拜仁慕尼黑的邀约。这个爆炸新闻让许多以为我即将会被炒鱿鱼的人大跌眼镜。被尤文队温柔地请到了门口，在国内没有收到任何邀请（除了热内亚俱乐部伸出的一根不甚果断的橄榄枝），谁会想到特

---

① 亚历桑德罗·德尔·皮耶罗（Alessandro del Piero），被誉为"斑马王子"，是尤文图斯历史第一射手，曾获世界杯冠军。

② 意青杯（Campionato Nazionale Primavera），是意大利最重要的青年足球联赛，每年由意甲职业联盟举办，参赛俱乐部必须拥有意大利甲级或乙级联赛的资格。

拉普能收到来自世界足坛王者俱乐部的一个如此诱人的邀约呢?

在尤文的第三个赛季,我们距离卡佩罗不可战胜的米兰队仅有 3 分:我没能成功将盾牌再次带到尤文队来,不过,能与这个意甲联赛媲美的只有我 1986 年的那一赛季。那年恰逢美国举办世界杯,意大利国家队由萨基带领。

我在尤文队内执教的最后一场比赛,是对阵乌迪内队的一场主场,以胜利收尾。到处都是各种各样的横幅,从"感谢特拉普"到"特拉普,去你……"。甚至有幽默分子还写上了"Auf wiedersehen① 特拉普"。球迷们一分为二,一边鼓掌喝彩,另一边嘘声一片。

我没有让自己动容,那不是合适的时机。在赛后的采访中,我如往常一样念起了经:"我尽了全力,我撒下的种子,后面来的人会收获丰硕的果实,我没有感动,也不怀念。足球就是这样的,来来去去。我为这 3 年感谢总部,希望队员们关于我,能保留一份美好的回忆,如同我这执教 20 年来训练过的其他同事们一样。"

---

① 德语:"再见"。

第 12 章　一场假的启程

慕尼黑，多么美妙的一座城市！吃得也不错（不是只有在意大利才能品尝到美食）。比如，我非常喜爱的猪肘配上德国酸菜和牛肝菌：我不记得这道菜的德国名，但我把它叫作"小猪蹄"。还有米兰炸肉排，那里他们叫作"Wienerschnitzel"，也就是维也纳炸肉排。当我嘴馋意大利菜时，我就会去我的朋友福斯托开的"小大使馆"餐厅，尽管那里很容易碰到记者，意大利的、德国的都有。他们非常清楚能在那儿碰到我，所以经常貌似随意地坐在餐厅的一张桌前。福斯特很友好，我们迅速成了朋友。可惜他是同城另外一家球队——1860慕尼黑体育会的球迷。

可是，我是怎么来到了慕尼黑的呢？这是个美丽的故事，这故事里不只包含着足球，还有友谊、敬仰和尊重。当我内心还在备受煎熬，揪心自己的未来，纠结离开尤文、博尼佩尔蒂和加尼·阿涅利后该何去何从时，卡勒·鲁梅尼格打通了我的电话。

"亲爱的老卡勒！如果不是你彻底厌倦了国米的话，我当初是绝对不会放你走的。"我立马对他说。

事实如此。那后来，我再也没能遇到如同他一般的前锋，然而，他的肌肉却仿佛水晶般脆弱，即使看起来那双腿像树桩那么粗壮、肌肉像大理石那么结实。

"好样的，乔瓦尼，你接下来决定怎么做呢？"

"唉，怎么做……我也不知道。我在赛季结束时就会离开尤文，但我还没有定下任何事情。很多俱乐部在请我，尽管我看起来似乎已经过时了。"

他大笑，对我说："乔瓦尼·特拉帕托尼永远不会过时。我今天的目的就是请你不要接受其他邀请，因为我们拜仁需要你，我们想去库萨诺找你谈一谈。"

有那么一瞬间，我愣住了。我记得当时领帅拜仁的正是大名鼎鼎的"恺撒大帝"弗朗茨·贝肯鲍尔，德国足球史上毋庸置疑的旗帜。

慕尼黑在想什么？当鲁梅尼格还在继续用他那完美的意大利语对我讲话时，我在心里把所有能让我对这个在全欧洲，甚至在全世界都名列前茅的俱乐部说"不"的理由都一一审视了一番。这些理由不多，但其中几个也有分量。比如：我不会讲德语，一句都不会。再比如：宝拉会怎么看？还有我的儿子阿尔贝托呢，他还在上学，朋友都在库萨诺，他该如何是好？

最终，我给的回答模棱两可，但也不乏希望："我就在这儿。你知道在哪儿能找到我。你什么时候来都可以！"

几日后，报纸上报道了一个拜仁的委派小组降落在了米兰，正在往库萨诺，特拉帕托尼家的方向移动。委派小组由拜仁俱乐部的主席弗里茨·谢雷尔，和不久前还叱咤世界足坛的三位球星：卡勒·鲁梅尼格、弗朗茨·贝肯鲍尔、乌利·赫内斯，他们分别在拜仁领导层担任不同的职位。

在他们到来之前，宝拉向我提出一串疑问："加尼，你可得好好思考一下，你去国外？你觉得可行吗？还有，我在那里天天可以干什么呢？阿尔贝托又怎么结束学业呢？"

我单音节地回答了她，一切要在和德国人谈话之后才能明了。

幸好宝拉早已经与鲁梅尼格相熟，也认识他的妻子马尔蒂娜，还觉得他们俩讨人喜欢，因此我放心让他来攻破宝拉。我想起这跟几年前的情景如出一辙，只不过角色互换了，当时我前往慕尼黑去说服马特乌斯和他的妻子接受来意大利的冒险。

"宝拉，你放心，马尔蒂娜不会让你有一刻空闲，她会带着你去逛遍全城，去购物，去参观巴伐利亚州各个美丽的景点。你看着吧，你们肯定会适应得很好！"

4 个秘密特派员说服我的任务，就比较简单了，队长洛塔尔·马特乌斯正展开双臂等待我的到来，我几乎立刻就被说服了，但为了不违背那句谚语里信奉的谨慎（"不要说得到了猫……"），我决定给自己 48 小时的时间来做最终的决策。

除却金钱，这对我来说总是无关紧要，使我真正放宽心去做这个有些疯狂的决定的因素，是鲁梅尼格掌管着俱乐部的领导层。他是个理想的人选，会意大利语，也了解我的脾性。他是个行走的保证书。另外，我们谈了先签订一年的合同，如此，如果一切进入不了正轨的话，我们还能有第一手的解决出路。

夏天，我们举家前去慕尼黑，住进了市中心一间非常漂亮的公寓，"这就好比住在米兰的大教堂广场"，我这样对宝拉形容。我距离训练场地只有 20 分钟的车程，俱乐部还另外为我安排了每星期 3 个下午的德语课程。一开始，我仰仗于鲁梅尼格的翻译，可他也有自己的工作，不能老当我的翻译：我必须学习到有足够的能力表达自己，让球员们了解我的意图才行。老师是半个葡萄牙人，上门教学，我们坐到书桌前就是两三个小时，沉浸在练习题和翻译中。宝拉有时会耐心地在一旁听课，如果无聊了，就去楼下美丽的城区集市逛一圈，独留我一个人和充满难题的"deutsche Sprache①"做斗争。

时不时地，我也会自问："我都 55 岁了，这算受的哪门子罪？我这种连上学都只是为了让爸爸开心的人……"

答案立马浮现，非常简单：为了变成一位真正的国际教练，必须做出一些牺牲。普拉蒂尼、博涅克、鲁梅尼格、马特乌斯、克林斯曼、布拉迪，这些外国球员个个会一口令人讶异的意大利语，他们这样的榜样激励着我。

_____

① 德语："德国语言"。

"他们能行，我也能行。"

训练的时候，马西莫·莫拉莱斯会助我一臂之力，他是一名 30 岁的卡塞尔塔人，负责训练拜仁的一支青年队。他既会说一口流利的德语，又会说意大利语，对我来说是最佳人选。我申请让他作为我的副手，那一年里他帮了我大忙，向球队传达我的足球理论。

相对都灵或者米兰来说，在慕尼黑，白天我有更多时间能出门在城里逛一圈。所有人都认得我，意大利游客会驻足和我攀谈几句，许多意大利裔的酒吧服务生会请我喝咖啡：我真切地被人们的爱戴包围，比在我的祖国更甚。在这段新的冒险中，人们的热情无疑是非常有帮助的，它能帮助我消除浮现出的不可避免的顾虑。

在异国他乡生活永远都是不易的，即便我做的是职业教练这么一份有特殊待遇的工作。我必须面对闻所未闻的状况，一个全新的赛季，不同的思想碰撞，以及，正面回应众人如此巨大的期望，这足以让最有经验的教练望而却步。拜仁上个赛季又一次获得了德甲的胜利，而且我是从贝肯鲍尔接手球队的，他可不是一般人。

弗朗茨·贝肯鲍尔是足球史上最强的后卫，球技浑然天成，在 1974 年作为球员获得过世界冠军，在 1990 年则是作为教练获得该殊荣，在德国，他比贝多芬和瓦格纳加在一起更家喻户晓；他是个全才，在任何领域都能闯出自己的一片天地，当时他决定从一线退居领导位置。是他授意让我接任他的位置——必须获胜，这是对我最小的要求，更不能忽视欧冠，这座从 1976 年就再也没能举起的奖杯。

那年，拜仁的首发队员，新添了实力强劲的守门员卡恩，来自瑞士的右内锋苏特，来自米兰俱乐部的法国进球能手让－皮埃尔·帕潘；队长是 33 岁的马特乌斯，我知根知底的运动员及好友。

理论上，新鲜注入的血液应该为球队取得更大胜算，但事实上，我接连不断地面对了一个个优秀的球员受伤（甚至是重伤）的打击。特别是苏特和帕潘上场次数极少，也没能取得任何成绩。赛季由在德国超级杯中对阵云达不莱梅体育会的失利开幕。在赛后，拜仁的球员们经历了我第一次，当然不是最后一次，用德语发出的怒火的洗礼。或许，可能只是类似于德语而已。那天晚上，连墙壁都在我的怒吼下为之一颤。所有人都失魂落魄地走出了更衣室，甚至有些受到了惊吓，除了马特乌斯，他之前已经深刻体会过我盛怒的模样，也深知第二天我依旧会是那个亲切和蔼的"老爹"。

除却在米兰奇怪的一年，我的职业生涯一直遵循着长久的原则：尤文10年，国米 5 年，再回到尤文 3 年，带着炒冷饭的滋味。可 1994—1995年的那个赛季，我越回味，就越发感到它是个错误的插曲，源于我自己的作茧自缚。

宝拉和阿尔贝托用沉默告诉我这个事实，我自己其实也体会到了，可我仍旧一边自责，一边掩耳盗铃。赛季的第一阶段非常糟糕：我无法让球队了解我的想法。我讲话一直如此，可即便是用意大利语，球员有时也不容易迅速领悟我的意图，每每遇到这种情况，我就会用上比喻和小时候在乡野听来的俗语，比如我常说的那句"猫和袋子"。如何用另一种语言来表达这些概念呢？如何让一群连战术都不知是何物的德国青年接受我对足球的定义呢？

我内心的挫败感，随着每个愚蠢的失误下被进的球、每次梅赫梅特·绍尔的夸夸其谈、每个中场上肤浅的错误、每次帕潘的旧疾复发，而愈演愈烈。唯有经过冬季漫长的停歇之后，我的状态才重回平静。这时一些成绩逐渐呈现出来——我不得不承认——比起意大利人，我更喜欢德国人的思维。守时、正直、遵循规则和职责，这些品质在我的祖国根本无法想象。但我已经暗下决心：合约只有一年，赛季一结束我就会回家。我不知道会去哪支球队，但提供的选择并不少。我和德国已经没戏了。为了给自己一个解释，我甚至用上了通常意大利教练的那一套老生常谈，认为没必要去外国执教。我只记起了恩佐·法拉利，80 年代中期就前往西班牙的一位先锋者，他继乌迪内队后在萨拉戈萨任教一年，然后我就想不出其他例子了。总之，这不是个事儿。

我提前了一大段时间通知俱乐部高层，如同我往常做的那样。鲁梅尼格和贝肯鲍尔尝试过让我改变想法，第一位说我的工作进行得非常好，只是球队还年轻需要适应，来年一切肯定会更加顺利，受伤或是倒霉的事也会变成回忆。第二位则对我开展了"内疚战术"："你怎么可以走呢？我们可是费尽了千辛万苦才把你请来的！"

总是这么艰难。如果你跟总部的领导讲明你要离开，他们总是会让你觉得自己忘恩负义、不识时务又是个麻烦。但我已经习惯了，我待到他们说无可说时，向他们强调重点：家庭。我们像绅士一样握手言和，多喝了几杯啤酒，然后我就得以回家，做我的好丈夫和好父亲。然而内心深处，我还是有些遗憾。那次告别太仓促，我可能做错了，可能没有经过深思熟虑。我表面上粉饰太平，专注于如何以最好的方式结束那个赛季。

可惜德甲第六名算不上一个好成绩。欧冠上，我们顺顺利利，直到在半决赛与阿吉克斯狭路相逢。在阿姆斯特丹他们以 5：2 取胜，后又在慕尼黑奥林匹克体育场获得 0：0，但责任不在我，当时我没有办法安排我们任何一个最优秀的队员上场（除了帕潘和苏特，马特乌斯也缺席了，我甚至让第三守门员上场了），而阿贾克斯的强大阵容却悉数上场。那时候的阿贾克斯，是支令人记忆深刻的队伍；深入研究过后，我竟找不到任何漏洞。

总之，我离开慕尼黑时大败而归，那是我第一次遭遇这种情境。可能是中年危机吧。我无数次听别人说起过这传说中的中年危机，那时，我想："看，它来了。"

所幸，危机，顾名思义，早晚是要过去的；我也确信，我的危机已经被我跨越了。

第 13 章　在卡利亚里的小插曲

在离开卡利亚里去米兰队执教之前，奥斯卡·塔巴雷斯曾来找过我。他说："特拉帕托尼，去年我们虽然排名第九，但这仍然是个奇迹。我们能走到这里全靠幸运女神的眷顾，我们的球队真没想象中那么好。"

我礼貌地听着。对于他的坦诚相待我心存感激，但我并没有听信他的话。天晓得是为什么。这席话是来自一位同行的真诚自白，他希望能让我提高警惕，而我却不以为然。一旦决定，就义无反顾——这就是我。

我又重新坐到了卡利亚里的教练席上，这一切仿佛是做梦。我被他们用神似维亚雷焦① 狂欢节上的花车载着，像只珍稀动物一样，在城市里到处转。我从未如此备受瞩目，好像我是一个许诺要把拿联盟杯作为最低要求的外星人。

特拉帕托尼在卡利亚里：这个奇迹，除了我自己，谁都不相信。

记者们纷纷给我打电话，问我是不是疯了，同行们也是，他们一个接一个难以置信地向我发问，我的回答也是很难令人信服。但这不是梦，在那辆狂欢节花车上向人群挥手致意的就是我，就连教皇也没这样的待遇。卡利亚里像疯了一样，在城市里随处都能感受到那股狂热，甚至在公交车上，也有印着我肖像的巨幅海报，在两边写着"特拉普让梦想成真"。我，是一个远道而来的救世主，能把撒丁岛带回到足球的巅峰；是曼利奥·斯科皮格诺的继承人，为卡利亚里冠上意甲冠军的足球教父。

这一切都发生得太快了。是当时的体育总监桑德罗·维塔利向我描述了一个雄心勃勃、准备跻身顶级行列的俱乐部，我心想："为什么不呢？省队

---

① 维亚雷焦（Viareggio），托斯卡纳大区北部的城市，以狂欢节闻名。

真是让人怀念。若我能在卡利亚里取得荣誉，那足以载入史册了吧。"

接着，几年前就已经在那里过得风生水起的卡洛·马佐尼，给了我决定性的一击："去卡利亚里吧。切利诺主席是一个很特别的人，但我觉得他有途径给你一支得心应手的球队，我相信你会在那里发展得很好。"

我相信了他，却没有相信塔巴雷斯。

早在两年前，1994年，吉奥尔吉还在卡利亚里执教时，球队曾经进入了联盟杯的半决赛，在四分之一决赛时击败了我率领的尤文图斯，最后输给了拥有博格坎普和琼克的国米。塔巴雷斯取得的意甲联赛第九名的位置，不足以称为向荣誉迈进一步。但是，维塔利用一个我喜欢的方案说服了我，我没有多加理性地思考，满脑子都想着球员、买卖和转会，最终签订了合同。我被深深地吸引住了，虽然还只是纸上谈兵，但那诱惑力太大，甚至可以说有点浪漫。

我到来的时候，他们就跟我讲述了切利诺主席的一系列癖好，在他这样的"巫师"面前，我仿佛是个初学者。他会给球迷发花色大手帕，认为可以保佑获胜，会让人在球场周围撒盐，他与主教有着密切的联系，能持续得到他的祈福，但最重要的是，他对17这个数字抱有深深的恐惧：看台没有17号座，只有16号；没有任何一位卡利亚里的球员被允许穿上17号球衣；如果球赛在17号举行，那么球迷会被要求穿上紫色衣服，以此对抗这个被诅咒的数字带来的负面影响。

"这真是个糟糕的开始。"我想，这个人痛恨17，而我却把它当作幸运数字……

卡利亚里最为优秀的球员，在进攻上有穆齐、奥利维拉和德里·瓦尔德斯，中场有马西米利亚诺·阿莱格里，防守有费里卡诺。我到来时，德里·瓦尔德斯和阿莱格里走了，代替他们的是乌拉圭的达里奥·席尔瓦和奥尼尔。他们可不能相提并论。

与在慕尼黑的前一年一样，大家的期许非常多，而且全都压在了我的肩上。我有时觉得人们把我当成了圣乔瓦尼，一位能实现奇迹的人，然而我只是乔瓦尼，不是什么圣人。

3 天之后，我们在积分榜上仍旧是 0 分。我表现得自信满满，对记者、领导和球员们夸下海口，三场比赛什么都不算，我们在第四日从零出发也为时不晚，没有必要杞人忧天。实际上，如同塔巴雷斯对我说的，球队总体来说不是十分强劲：让德里·瓦尔德斯转会去巴黎圣日耳曼是切利诺做的一件大糊涂事，而我当时没有更加坚定地否决；其次，一些球员对我本人有偏见（主要是穆齐、普协杜、兰蒂尼奥迪），因为我不让他们上场，而且，他们心底里还在怀念吉奥尔吉。

一天早上 8 点半，切利诺将我们带到了大教堂，让大主教奥托里诺·阿尔贝蒂祝福我们。球迷们开始在墙上涂鸦一些这样的句子：我们想要春天来临，而你们只配下矿挖煤。

我们获得了最初的几分，却没了后续。我们平均每胜一局，需要经历两场失败。对于我是否有能力执教省队的疑问声越发壮大，但罗科教会了我永不言败，因此我没有丝毫懈怠。

"喂，我是卡勒。你最近过得怎么样？不太好，是吗？就让我来说教你一次吧，乔瓦尼。你这种级别的教练，在卡利亚里那样的球队干什么呢？你现在自食恶果了，用意大利语怎么说来着？'活该'！"

"听着，卡勒，如果你打电话给我只是为了冷嘲热讽的话，那么你可以挂掉电话了，等到送圣诞祝福的时候再打给我。"

"对不起，你说得对。我代表整个拜仁祝福你，但不是为了圣诞。祝福你尽早得到你应得的成果。其实，我打电话给你是因为我们想让球队在冬歇期，来到温暖的撒丁岛展丌冬季集训。你知道一些合适的场地吗？"

　　卡勒·鲁梅尼格那次秋天的致电让我感到愉快，无论是从人文角度，还是从足球的角度上来讲。我认为拜仁计划在德甲的冬季休整来到撒丁岛训练，对我来说是个暗示。他们仿佛在对我说："等你什么时候从卡利亚里那个幻想中醒来，我们随时欢迎你的归来。"

　　同一份工作，同一个世界级的俱乐部第二次向我发出信号，这不容小觑。

　　不久之后，我意识到切利诺真是个人物，他总是给我带来惊喜。其中一个实际上是个惊吓，我发现他在计划未来的球员买卖的时候，会时常咨询卢奇亚诺·莫吉，在尤文的时候我对他从未有过好感。莫吉习惯于从多方面下手，他的作风在我看来一直非常暧昧，含糊不清，恰恰跟我认为正确的态度背道而驰。关于球员的管理，我向来掌握着百分百的自主权，一想到主席（而且不是一位和博尼佩尔蒂那样懂球的主席）和莫吉在背地里瞒着我做决定，就足以使我怒不可遏。

　　这场冒险，如同幻想（或是噩梦），很快就结束了。从9月到2月，不到6个月踢了21场比赛，24分，7场胜利，3场平局，11场失利，18个进球，33个被进的球。我从未排名倒数第六位，这对我来说也不失为一次新体验。

　　我在一场1：4战败后，递交了辞呈，当时在我们在都灵对阵的，好巧不巧是莫吉手下的尤文。赛后的星期一我在库萨诺，熬夜收看了比斯卡迪的《周一评论》。那期节目讨论了许多，关于我、卡利亚里、切利诺，好似所有人都已经明白了一些我自己都不清楚的事情。我感觉到事态已经火烧眉毛，终于下定了决心。我被辞退几乎已成定局。我先切利诺一步炒了他的鱿鱼，他在圈内可是因为爱开除教练的记录而臭名昭著。他给了我最后一次机会：在7日后打败桑普多利亚。可我从来不喜欢像玩俄罗斯转盘似的冒风险，如果互相之间缺乏信任，那么还是开诚布公才能继续做朋友，从此分道扬镳，各走各的路。

第 14 章　拜仁：卷土重来

云达不莱梅、凯撒斯劳滕、科隆、勒沃库森，这些俱乐部仅仅是德国本地的；还有一支土耳其球队，甚至一支来自科威特的。在那些俱乐部我肯定可以赚到大钱，可我会遇到什么样的足球呢？卡利亚里之后，良莠不齐的橄榄枝向我抛来，最后我接受了唯一真正在意的，来自拜仁的邀请。

贝肯鲍尔的来电重提了一年前我们中断的话题，"你的告别是个疯狂的举动，而且你必须知道，我还没消化掉这件事。这次，你要么签两年，要么就别谈了。"

我和他在慕尼黑见面，同时桌子上还摆着好几壶啤酒，我向他解释，这次我将不会再让他失望。

"今时不同往日，弗朗茨。德语，我已经略知一二了，我会继续努力把它学好；德甲，我已经熟悉了，也熟悉这个环境，总之，我现在能百分百确定。两年前，我的想法还不太明朗，没人见过一个像我这种级别的教练去国外追求成功，那时我感觉自己是个先行者，但对此没有清晰的认知。我再说一遍，现在一切都变了。我是个不同的特拉普了。我还是我，但今时不同往日。"

"那家庭呢？"他笑里藏刀。

"没问题。我妻子对我保证这次不会再抱怨。"

"好的，但是……女人是善变的……"他用意大利语哼唱。

"那是当然，永不说不，尤其是关于女人。不过我相信她，我和她谈了很长时间。"

"你知道的，对吧？今年我们必须赢得 *Meisterschale*[①]。"

---

①　德语："德甲杯"。

我何止知道。我就是因此才回到了慕尼黑：同间公寓、同样的习惯、玛利亚广场、考芬格尔大街、路德维希街。切利诺则大肆宣扬我彻底完了，江郎才尽，已经成为历史。

那么咱们骑驴看唱本——走着瞧吧，切利诺。

我在卡利亚里的那一年，拜仁收获了联盟杯，并在德甲位居第二。奥托·雷哈格尔在执教了大半个赛季后被辞退，接手的是常青树弗朗茨·贝肯鲍尔。球队在没有我的情况下，依旧获得了欧洲冠军，但俱乐部并没有找到一个能够真正替代我的人。显然，恺撒大帝弗朗茨不能继续霸占教练席：他的职位如今已经是俱乐部主席了，而 1996—1997 赛季需要由一个心无旁骛，且有全权代理能力的技术指导员来率领球队摘得 Meisterschale——德甲冠军专属的奖杯。

球队真是兵强将勇。我仿佛被授予了一艘靡坚不摧的远洋船的船舵。帕潘和苏特（以及他们的老毛病）不在了。从上一年开始，领头进攻的是一位我非常熟悉的"小老人"，尤尔根·克林斯曼，我还为他安排了两个盯人强手，扬克尔和兹特利，最后这位在服役都灵队时，60 场比赛内进球 30 个，而且具备着我非常喜爱的品质，那就是慷慨和忘我。马特乌斯继续当队长，几乎是习惯性地被指定为自由人；球队剩下的组成部分也可以说是"prima"（在德语中意为"最佳"），球员包括诸如绍尔、巴贝尔、齐格勒、哈曼、齐格、卡恩、巴斯勒——名副其实的"prima"。

球迷对我的热爱依旧不减，无论在慕尼黑的哪个角落，我都会被大家认出，受到大家的欢迎。可我能安然接受这荣誉吗？绝对不能。事情看似发展得越顺利，我就越忧心。小心驶得万年船，我立马就验证了这个老道理——先是"当头一棒"：被瓦伦西亚踢出联盟杯的比赛，在第一回合，作为现任冠军。

　　我一开始就察觉到巴斯勒和克林斯曼在球场上漫不经心，毫无作为。克林斯曼是因为年龄，而巴斯勒是因为过多的夜生活。我立刻被一部分球员和我的副教练奥根塔勒群起而攻之。我用加倍的努力来回应：我从早到晚坐在教练台上观看训练，和贝肯鲍尔谈论各种事宜。在不多的空余时间里，我陪着宝拉去参观这座城市的各色博物馆和画廊，以此来让自己远离更衣室内的钩心斗角。

　　第八日，我们在不莱梅遭受了 0 ：3 的惨败，那一刻，我终于决定要收起我仁慈的面孔，重拾我的铁腕作风，不能再放任事态的发展了。经过我怒火的洗礼之后，连"夜猫子"巴斯勒都有所收敛，开始在场上认真训练，不停地奔跑。

　　我们在进入冬歇期前攀登到了排行榜的顶峰，再也没松过手，一个个击破了斯图加特、多特蒙德、沙尔克 04 和勒沃库森。终于，无论是球迷，还是球员、技术指导和领导提心吊胆数月后，在 1997 年的 5 月 25 日，提前一天，拜仁的第十三个德甲梦成真了。对斯图加特的 4 ：2 一如整个赛季的节奏：对方率先射门，然后被我们成功追平，乘胜追击超越了他们，这时斯图加特又赶上了我们的比分，比赛进入白热化，仿佛要滞留在 2 ：2，但先是里兹特利，后又是维特切克，让整个奥林匹克体育场变成了红与蓝① 翻滚的海洋。

　　狂欢！巴伐利亚人疯狂起来可真是唯恐天下不乱！没有见过的人是绝对不会相信的。他们与那不勒斯人真是相似：欢乐、宿命论、爱热闹、爱生活。当天晚上，市民们为我们在玛利亚广场准备了晚会，真是个无法遗忘的夜晚，到处人山人海，我们从市政厅的阳台向群众挥手示意，随处可见巴伐利亚的传统服饰、啤酒伴着高歌。

---

　　①　红和蓝是拜仁队徽的颜色。

这对我来说非常振奋。我在意大利以外的第一场胜利。我从资历上可以被纳入国际大教练的行列，可我仍旧是那个来自库萨诺的乔瓦尼·特拉帕托尼。那晚，我喝了一杯，两杯，三杯，有可能是四杯啤酒，但没有喝醉，依旧清醒，没有被喜悦冲昏了头脑。第二天，我已经在为如何赢得下个德甲而绞尽脑汁。我必须对得起贝肯鲍尔和鲁梅尼格这两位伟大的主席给予我的荣耀，是他们以身犯险再次聘请了我。

在拜仁，如果第一年你没有获胜，那么第二年必须势在必得，如同在尤文那样。当然，最好是年年摘得奖杯。这是一支习惯了拔得头筹的球队。我是卡勒和恺撒大帝弗朗茨下的一场豪赌，这两位是德国足球史上永不陨落的巨星，也是毋庸置疑的德高望重的主席。他们当真是以自己的名誉和职业生涯作为筹码，选择了我这个意大利教练，一位"保守的防卫者"、"链式防守佬"，因为一旦我失败了，所有的罪责都会降在他们的身上，而且前一年他们还在即将赢取联盟杯的当口，辞退了极具德式风格的雷哈格尔。

即使拉齐奥和罗马俱乐部对我提出了丰厚的报酬，宝拉也会非常欣喜（再次回到首都生活一段时间一直是她的愿望），即使尼佐拉和意足协暗示我国家队有我的位置，我依然守住了我的承诺。

重回拜仁的第二年因为当时我在新闻发布会上怒发冲冠，抨击了某些球员而被载入了史册。

1998 年 3 月 10 号。因为一名球员名叫斯特伦茨 [①]，让这一天起码在意大利让人印象深刻。托马斯·斯特伦茨，可怜的人，这个姓使得他在意大利众多俱乐部内不那么受欢迎。没有球队会为了一个"斯特伦茨"而花钱。不

---

① 原名为 Strunz，与意大利语中的"stronzo"一词发音相似，意为"混蛋"。

过，就算皮尔洛①的姓也不让人满意，他依旧成了令人敬仰的皮尔洛，当然，如果他只是个勤勤恳恳的布雷西亚的中场球员，大概也不会逃过自己姓氏带来的诅咒。

新闻发布会上我并不是一时兴起，而是早有预谋：我清楚地知道会有许多有声望的记者，知道会一石激起千层浪，也希望这能帮助我们解决长时间以来的困境。我甚至致电了我的记者朋友布鲁诺·隆吉提醒他做好准备，我要大干一场。

我已经不止一次在德国体验到球员习惯向媒体抱怨自己教练的决策。在我面前，他们表现得心满意足、若无其事，在记者面前一个个苦大仇深。一年前克林斯曼就来了这么一出，他戏称："特拉帕托尼迟早会让 10 名后卫和守门员上场的。"后来我和他私底下谈拢了。而斯特伦茨，仍旧我行我素，四处发牢骚，认为自己不受重视，他只对一些记者朋友这么说。

事实是，他经常受伤，因为他的缘故，我们还败了几场比赛。他常拿自己腰椎间盘突出作为理由拒绝比赛。每当遇到这样的队员，就必须采取强硬的态度去回应，但斯特伦茨却像个小朋友一样一直坚持，尤其是在记者面前。比如绍尔，他是个优异的球员，可是非常懒散，时常摆出一副神情恹恹的模样。一次，我冲着他吼"软柿子"，我的原意就是这个，但德国人却理解成了"烂酒鬼"（或许是他们有意解读成这样），我本意并非如此，这完全不属实。

如果对一门语言掌握得不够全面，而且还在气头上的话，是很容易让人产生误会的，而对方还恰好是可以寻找舆论、擅长无中生有的记者们。他们对我的提问个个夹枪带棒，有意火上浇油。"有一位队员抱怨您不希望让他上场。另一位说您讲话的时候没人能懂。"诸如此类。

---

① 名为 Pirlo，与意大利语中的"pirla"相似，意为"弱智"。

如今，多年后，我看到那次我的冲冠一怒成为大众一联想到我就耳熟能详的事件，也不失为一件趣事。那件事被人们剪辑成了视频，改编成了说唱歌词，印在了汗衫上，上面带着我许多大错特错的语法错误。总之，这变成了一种流行元素。

结尾的那一句，"Ich habe fertig①"——是个错误，本该用"sein"（是）这个动词，我用了"haben"（有）——甚至被收录在了一本名人名言录中，与"I have a dream②"这样的名句放在一起。

一点儿也不赖。

_____

① 德语："我准备好了"。
② "我有一个梦想"是马丁·路德·金的名言。

第 15 章　一位身披紫衣的
"驼背人"

父亲惧怕儿子，至少在我看来是这样的。与其说惧怕，不如说是非常恼火，这位父亲会让每一位跟他儿子接触的人都警惕他。

我刚成为佛罗伦萨的教练时，就意识到这里的局势与德国截然不同，不可预料。其实我已经预感到了一点：我指的是两位切基·戈里①，他们因为敢怒敢言而闻名，特别是年轻的维托里奥。

"特拉帕托尼，您可要注意，您知道我儿子有着怎样的坏脾性，他容易被愤怒冲昏头脑……他是个充满干劲儿的人，一旦开始了一件事儿，谁也阻止不了他。"

"我已经习惯和球员们交流了。我也会一样对待主席，当然，是在尊重他位置的前提下。"

在塔洛莫内时，去紫百合试一试的疯狂想法逐渐浮现，即使我有着不可磨灭的"驼背人②"过往。路奇亚诺·鲁纳，切基·戈里集团的总经理，当时在那儿度假，他联系了我，站在海滨线旁向我提议。我明知前往佛罗伦萨是场冒险：那儿有着全意大利最反尤文的球迷，一位出格的主席，一个苦难重重又充满明争暗斗的战场，此前，无论是球员还是教练，没有任何人收获过来自佛罗伦萨全体球迷公认的好印象，除却安东尼奥尼。

我询问过所有信得过的好友的意见："是支好球队，这毫无疑问，但那个主席简直是第二个切利诺。"

---

① Cecchi Gori，切基·戈里家族是意大利同名电影制作发行集团的所有者，从 1990 年开始创始人马里奥成为佛罗伦萨俱乐部的主席，死后由儿子维托里奥接手。

② 在意大利，尤文队被球迷称为"驼背人"，通常带有贬义。

维托里奥·切基·戈里和切利诺的对比由来已久。既然我在切利诺手下都挺过来了，我这样安慰自己："上一位，我忍受了两个月，这一位，我也能忍受6个月。然后，6个月又6个月，我可能就一辈子待在这儿了。"

前一年，马莱萨尼坐镇教练席，佛罗伦萨止步意甲联赛第六位。有几位球员不容小觑，比如巴蒂斯图塔、鲁伊·科斯塔、托尔多，巴西人埃德蒙多[①]，其被大家称为"野兽"，是一位非常出色的守门员，还有其他几个值得关注的年轻人。我想尽办法挖到了一位在德甲联赛中让我格外惊艳的球员：多特蒙德的约尔格·海因里希，险些被拜仁给抢走。海因里希（如同雷普卡）的加入，也是对其他俱乐部发出的一个信号：优秀的球员都选择佛罗伦萨。

菲索尔看台[②]上的观众，对我的到来表现得十分热烈，完全忽视了我在尤文的过去，还着重宣传了我属于塔洛莫内的身份。我自认为有些托斯卡纳人民的特质，他们实际上没有错。

维托里奥·切基·戈里有时会与我作对，他每次给人的感觉都不同。如果第一次是欢乐友好的话，那么第二次就可能是易怒善变的。有时，他纯粹的热情会感染你，但大部分时候，他仿佛总是沉浸在无数烦心事中。

"特拉帕托尼，您让我想起我的爸爸。你们有着同样的年龄，您要知道，我对您总是抱有敬意的。"一天，他动容地对我说出这番话。

他更像是个球迷，他有着与之同样的思维。身为球迷的主席有很多，可他们容易与教练产生分歧，对足球的狂热会让他们失去理智。我一直以来都秉承着将激情剔除在工作之外的原则，否则我将一事无成。总而言之，在我们关系建立伊始，特立独行的维托里奥·切基·戈里，在瓦莱里娅·马里尼的陪同下，将自己的权力局限于满足我对转会市场的要求，扮演了一位识时

---

① 指 Edmundo Alves de Souza Neto，埃德蒙多·艾维斯·迪苏沙·尼图。

② 菲索尔看台是佛罗伦萨主场球场弗兰基球场的北边看台，该看台通常属于主场球迷，因为方位正对着菲索尔小镇而被命名。

务的球迷身份，尽情享受了联赛中头几场胜利。在几乎一整轮的第一回合比赛中，我们一直独占鳌头。

"您看到了吗？您当初想转让鲁伊·科斯塔和巴蒂斯图塔！幸好我说服了您留下他们！"我对他说。

"并非我想让他们转会，他们是因为和我发生了争执才想走人！"

这两位葡萄牙人和阿根廷人是佛罗伦萨队举足轻重的人物，尽管如此，我还是从第一天开始就被迫去和切基·戈里强调：失去这两位，我们将面临不可预估的后果。他们和埃德蒙多形成的"三叉戟"在场上可以说是如入无人之境。然而问题却从场外开始了。鲁伊和巴蒂斯图塔是好友，他们时常忽视埃德蒙多，或许因为他是巴西人，或许因为他那让人有些难以忍受的幼稚。一次，我终于领悟到对待埃德蒙多需要像对待孩童一样，当时他在更衣室差点哽咽，向我倾诉了他的烦恼："教练，他们很优秀，但我也不差。我是个 campeão（葡萄牙语，意为"冠军"）！你为什么不让我参加所有的比赛，而且每次我比赛的时候都要换下我，可你总是安排他们上场？"

一位足球运动员应该明白，当你需要同时面对联赛和杯赛的时候，不可能上场去踢每一场比赛。如果他有几次被队友换下场，他需要理解，而不是觉得自己不受到重视。这是一位球员最不应该犯的错误。在训练中全神贯注，展现出积极与冷静，这是该有的态度。可惜冷静注定不是"野兽"的强项，他曾多次在我让他下场的时候咒骂我，即使我已经跟他耐心地解释过："我需要管理一大堆运动员，你知道每次安排上场人员的时候，都会考虑接下来的比赛、客场问题、被警告的，受伤的球员等等，你懂吗？我对你没有任何意见，没人对你有意见，你很强，你可是个 campeão!"

我在他家也向他反复强调了这件事，当时我决定违背自己不成文的原则，登门拜访他。我为他开了个特例，为了深入了解他的性格，看他在自己的地盘是什么样的状态。我遇到的是一位溺爱满满的父亲，对待他的孩子们就像是戏弄小老鼠的猫。我向他解释为了接下来一系列的任务，他可能需要接受一些小的人员调动。他看似听懂了，也理解了我的观点和对他的信心。然而没过几天，和罗马比赛时，在交换替补时，摄影机定格在了埃德蒙多对我用葡萄牙语破口大骂时的脸庞上。很显然，场上的埃德蒙多和场外的是两个大相径庭的人。

到了 1999 年 2 月 7 日，我们领先即将来到佛罗伦萨进行客场的米兰队 7 分。就在几天前，埃德蒙多找到了我，用他那差强人意的意大利语向我解释称，自己无论如何要回巴西一个星期。

"你要回去做什么？"我问他。

"Carnaval（葡萄牙语，意为"狂欢节"），里约。我是个狂欢节组织的头儿……"

"埃德蒙多，天呐，我们正在角逐意甲盾牌……"

"我知道，可还有巴蒂斯图塔，还有奥利维拉……"

"没错，但是万一呢。"

"教练，我真的得走，他们在等着我……"

我同意了，正是因为我们有着 7 分的优势。这一次我违背了我信奉的谚语里的谨慎。

佛罗伦萨对米兰。媒体已经认定这是争夺盾牌的一战。我记得在鲁伊·科斯塔授意下的一个长传球，极远的长传球，指向正在角球区小旗方向移动的他。我想着"这球没戏了"，但就在那时，我发觉巴蒂斯图塔正在发疯似的奔向那颗球。"你去哪儿？太远了！"我对他吼道。然后我就看到他在替补席和小旗间突然停住，因为疼痛而跳脚。我转头对埃德蒙多说："听着，很抱歉，但这次狂欢节你注定要缺席了……"

他惊恐地看向我："不，你怎么可以现在对我说这个，一切都准备就绪了，我已经打包好了行李，全家都在等着和我一起启程……"

"我们赛后再说……"我回道。

比赛最终以 0 ：0 结束，没了巴蒂斯图塔的球队只有一半的威力。我来到更衣室的时候，被告知埃德蒙多已经去了比萨机场。医生确认了巴蒂斯图塔是韧带和下孖肌拉伤，需要一段长时间的修养。

我二话不说，扔下了球场的烂摊子，驾车开往机场。我必须说服埃德蒙多留下来。没有了他和巴蒂斯图塔，我们如何继续？我会在一瞬间失去两名队内最出色的球员，这让我无法接受。我对他感到抱歉，毕竟是我同意了他的请求，这是我的错，当初我应该斩钉截铁地说不。

当他看见我的时候简直惊掉了下巴，还试图利用走廊和登机口逃跑。我祈求他不要走，好言相劝，对他说他比巴蒂斯图塔和鲁伊·科斯塔更加优秀，他是球队的核心。我甚至下跪了。他毫不动摇。那一刻我终于明白了，他对佛罗伦萨队没有丝毫感情。他还是走了，剩下我带着奥利维拉结束整个赛季，实际上，他再也没回来过。

巴蒂斯图塔和埃德蒙多的缺席，让我们在接下来的一连串关键性的比赛里溃不成军，我们失去了一开始的优势，直至落后第一名米兰队 14 分。

维托里奥·切基·戈里，直到冬天还满腔热情，却经历了一个非常萎靡的春夏。他逐渐开始对我指手画脚，企图把他的足球理念灌输给我，以为我是个好的倾听者，其实我只是让它们左耳进，右耳出。

我更偏向与卢奇亚诺·鲁纳讨论，他是常务董事，时间让他从一位电影人蜕变成了足球人。

"卢奇亚诺，主席越来越得寸进尺了。他现在要让我安排他选定的队员上场，他懂什么足球！"

"不要理睬他，他周围充斥着一大堆朋友，真情还是假意，我是不知道，都是些自以为懂球的记者、高层领导向他谏言。然后他就来找你倒卖自己的知识……"

接下来的赛季，从欧冠方面来说非常绚丽，意甲联赛却不尽如人意。我有 14 名固定球员，剩下的空缺用替补填上。幸运的是，巴蒂斯图塔依旧是个进球能手。在佛罗伦萨的第二年，我的纪录一路攀升，这都得力于在欧洲比赛上的一些胜利，比如 1999 年 10 月 27 号在温布利战胜了阿森纳，在 7 万多球迷的见证下：巴蒂斯图塔一记强球，比分 1：0，历史上首次，一家意大利俱乐部对阵一家英国俱乐部，攻克了温布利球场。在弗兰基球场与巴塞罗那的那场 3：3 也精彩绝伦，老艾阿贝尔·巴尔博梅开二度，他在意甲联赛中进了将近 150 球之后，在职业生涯倒计时的阶段来到了佛罗伦萨。那时期的巴塞罗那属于里瓦尔多、菲戈、利特马宁和半打被路易斯·范加尔教练带到加泰罗尼亚的荷兰人（他的副手还是当时名不见经传的若泽·穆里尼奥）。

三个星期后，我们在第二轮比赛的第一场 2：0 打败了曼联。又是巴蒂斯图塔和巴尔博，阿根廷足球的老一代和青年一代在我的麾下珠联璧合。不过，如同前一年，喜悦的时刻并不长久，在赛季的第二阶段，我们失去了节奏：在来年春天，我们在欧冠比赛中遭受了两次失利和一次平局，这也导致了我们无缘欧洲冠军。联赛，虽然只得到了第七名，但有幸获得了参加联盟杯的机会。

我想去闯荡的心又蠢蠢欲动，因此我挥别了佛罗伦萨，开始展望周围。我不再是个长情的人，或许是足坛变了吧，我也需要改变。与切利诺和切基·戈里的经历，他们阴晴不定的心情，自以为是的态度，让我重新审视自己这 25 年来的教练生涯。长期的计划已经不现实了，只需一位"和总部走得近"的人说上两句风言风语，或是一个头脑灵活却往错误的方向使劲儿的主席，就能搅浑整个环境。

我渴望新的挑战，是时候成为一位国家队的技术指导员了。在我 60 岁之际，我认为这是我的职业生涯中一个最正确的选择。关于这件事，我已经考虑了许久，是时候迈出这一步了。

第 16 章　蓝色奥德赛，先是莫雷诺，
再是"饼干"事件

佛罗伦萨是一个很重要的舞台：我和一些很严肃的人一起工作过，像卢奇亚诺·鲁纳、鲁伊·科斯塔和巴蒂斯图塔；我们取得了一个相对不错的结果，虽然如果再幸运一些我们可以更进一步；唯一没有处理好的是与紫百合球迷中反尤文势力的关系。百分之九十的球迷都很支持我，在每一个场合都会献上掌声，但那百分之十的顽固球迷总是不讲理。有几次我试图和他们沟通，但毫无结果：谈话甚至都无法开始，太多成见，太多荒谬的理论，完全不顾事实。我在佛罗伦萨受到的辱骂只有我自己知道，有一次我和宝拉一起参加一个活动，有人甚至责备了她，我想就是在那个时刻，我决定了不再续约，离开这座城市。

首先联系到我的又是德国人，这一次是邀请我去执教他们的国家队。我告诉宝拉的时候，她露出绝望的眼神。

"一个正常的家庭怎么可以一年意大利、一年德国这样子来回跑呢！"

我感觉像是面对着记者，回答道："足球教练在一个地方开始发臭了，就必须要换城市，就像鱼儿需要找到新的水源！"

所以我选择不对宝拉承诺太多，但她的话始终在我脑子里回响。我甚至接受了几次德国报纸的采访："如果能够执教你们的国家队，那会是我的巨大荣耀，但列碧克是个出色的教练，我不确定我有能力替代他。"事实上列碧克被指责已经有一段时间了，我知道在媒体眼中他已经走到尽头了，但我总是特别尊重同行，永远不会落井下石。

更多的邀约进一步困扰了我的妻子，比如马赛奥林匹克，比如土耳其的加拉塔萨雷更是愿意一掷千金把我带到伊斯坦布尔，还有柏林赫塔、皇家马德里和巴塞罗那。能在西班牙工作让我向往，那里的俱乐部要比拜仁慕尼黑更有名气。那是一段非常混乱的日子，无时无刻不在提醒我要在短时间内做出一些决定；那个时候在塔拉莫内度假的我本应放松，但就像平时一样，我充满各种疑问，犹豫不决。

接着，2000 年 7 月 2 日，因为特雷泽盖那粒被载入史册的金球，意大利输掉了欧洲杯决赛，西尔维奥·贝卢斯科尼责怪主教练迪诺·佐夫是因没有派上佩索托盯防齐达内而导致球队失利的最大罪人。佐夫，像一个男人那样，两天之后便主动辞职了。

我在海边关注着事态进展，我选择站在我曾执教过的老门将这一边：我们一路高歌杀进了欧洲杯决赛，却因为一个愚蠢的丢球而输掉比赛，并且在丢球之后我们甚至都没有机会再继续战斗，这是一个愚蠢的规则。我能够想象佐夫自己已经很伤心了，而贝卢斯科尼的话则让那时充满沮丧和抱怨的意大利足球圈一下子爆发了。

所以，意大利国家队，就像德国国家队那样，需要在 9 月 3 日韩日世界杯预选赛开始之前尽快确定主教练。如果说一方面我的心支持着佐夫，那么另一方面我也等待着有人来找我填补空缺。我和足协之间其实早在我去慕尼黑之前就已经有过共识，只是从未付诸过行动。

我在报纸上对国家队主教练的预测中看到了我的名字。马可·塔尔德利也在其中，他年纪轻轻，率领 21 岁以下国家队拿到了欧洲冠军，大家都喜欢他。从萨基开始，从足协内部提拔国家队主教练的传统被打破，现在都是从俱乐部招募，但重回传统总是可能的。

最后事态向完全相反的方向发展了：塔尔德利去了国际米兰，我成了国家队主教练。对于宝拉来说，这无疑是最好的结果了。

　　我离开塔拉莫内动身前往罗马，会见意大利足协主席卢奇亚诺·尼佐拉。洽谈的结果，完全出乎了尼佐拉的预料，我为了避免遇见记者的尴尬，没有选择在足协办公室会谈，同时我的薪资要求是最低的，因此我们立刻就达成了共识。

　　我有幸执教了一支强大的意大利国家队：托尔多、布冯、保罗·马尔蒂尼、托蒂、德尔·皮耶罗、维埃里、因扎吉、卡纳瓦罗和内斯塔，这些球员同时出现在同一时代实在难得。在他们之后，菲奥雷、迪利维奥、赞布罗塔、蒙特拉、德尔维奇奥、马特拉齐、托马西和帕努奇都是值得信赖的一流球员。

　　首场比赛在布达佩斯神秘的普斯卡什球场，对阵向来稳重的匈牙利队。那段时间，德尔·皮耶罗处在实力下滑的危机中，但托蒂在罗马越来越被认可。历史在不停地重复，意大利国家队内部分化为两派，分别支持这两个人，就像过去的马佐拉和里维拉，还有更近一些的巴乔和德尔·皮耶罗。

　　为了能够让这两个人共同发挥作用，我选择让皮波·因扎吉承担进球任务（他进了两个）。比赛 2 ：2 结束，德尔·皮耶罗因为错失一个必进球而成为罪人。接下来我们在圣西罗对阵罗马尼亚队，我也迎来了执教国家队的首场胜利。一场大快人心的 3 ：0，不过媒体却以"对手乱了手脚"而看低我们。难道说对手乱了手脚就没有我们的功劳吗？这场比赛我把德尔·皮耶罗放在板凳上，排出了由托蒂、因扎吉和德尔维奇奥（进球功臣）组成的攻击线。球迷大众全都站在我这边：我整个球员生涯都是在圣西罗球场度过的，又在这里执教过难忘的 5 年。AC 米兰和国际米兰的球迷难得能团结起来为同一个人鼓掌！

　　不得不承认，那是一场特别的比赛。我能感觉到那种只有梅阿查球场才能带给我的情绪，而我用一支完美的意大利队回报了那些站在阶梯上的球迷。比赛结束后，尼佐拉要求我在板凳席上要举止得体，在他看来，一个国家队主教练像着了魔一样坐立不安并不雅观。

　　短暂的愉悦之后，必须要面对德尔·皮耶罗的问题了。这个孩子刚刚从一次严重的十字韧带撕裂中恢复，仍然要面对一段长时间的精神和物理康复。围绕在他周围的压力太多，这也会影响他的恢复。尽管他还很年轻，但他已经用非凡的表现征服了球迷的心，而如今球迷仍然期待着他能够奉献同样的才华。但一个足球运动员随着时间推移不可能保持不变，整个职业生涯都能踢出巅峰状态的成绩只是一个幻想。在我那个年代，马佐拉和里维拉在踢出精彩的几个赛季之后，便变得平庸起来：这很正常，这是足球的一部分。

　　然而正是德尔·皮耶罗为我们在安科纳对阵格鲁吉亚队的比赛里雪中送炭。两次点球，两次进球。那是整个预选赛小组赛阶段里最艰难的一场比赛：一支缺少马尔蒂尼和托蒂的意大利队，不在状态，缩手缩脚，以至于到了某个时刻我做一个"特拉帕托尼式"的决定，换上加图索和潘卡罗代替进攻中场菲奥雷和锋线箭头德尔维奇奥。

　　预选赛的剩余部分都很顺利，我们顺利晋级第一次在亚洲举办的世界杯。我前所未有的自信和乐观，并试图用我的激情感染整个球队和足协。

　　最难的是选择哪22名球员带到韩国和日本。我有上百万个"同僚"在指点我如何确定那份名单，我感到压力重重。35岁的罗伯特·巴乔仍然得到了很高的呼声，他被认为不可或缺。世界杯的舞台需要球星，也需要经验，巴乔两者皆备，但在刚刚结束的赛季中，他因为第无数次的伤病缺席了大部分比赛。只是在联赛最后三轮才复出参加了比赛，虽然踢得不错，但我没有得到他完全健康的保证。我必须承认，把他排除在蓝衣军团之外并不是一个轻松的决定，打碎了他的蓝色梦我也感到很沉重，我知道从那个赛季一开始，他就在为能代表蓝衣军团出战世界杯而努力了。

　　名单定下来了。有一些球员我永远不会拒绝，他们是布冯、帕努奇、马尔蒂尼、卡纳瓦罗、德尔·皮耶罗、因扎吉、托蒂、内斯塔、迪利维奥、赞布罗塔和维埃里。然后还有不可计数的好球员，我选择了科科、尤利亚诺、克里斯蒂亚诺·萨内蒂、加图索、多尼、迪·比亚乔、托马西、德尔维奇奥和蒙特拉，再加上托尔多和阿比亚蒂作为替补门将。

我们的小组赛将在日本举行，我决定尽量提前到达那里，以适应时差。一些球员抱怨要在地球的另一半待太久。我还决定全队在仙台市封闭集训，直到首场比赛对阵厄瓜多尔队前，不能和外界有任何接触。我们在札幌市的人工草皮上训练，暴雨侵袭过不止一次，幸好球场和训练场都是有屋顶的。

在 2∶0 获胜之后，为了让球员劳逸结合，我和足协决定让他们和妻子、女友团聚整整两天。在那个时候，那些单身的球员们开始感到不满足，便开始寻找机会破坏规矩。托蒂让他的未婚妻和哥哥一起来到了日本，为其他球员们做出了一个榜样，亲人（不仅仅是情人）也可以为我们加油鼓劲。

为了进一步管理这群孩子，我决定制定一个非常精确的时间表，连每天什么时候休息都写得清清楚楚，这样一来，球员们就能提前知道他们什么时候是自由的。不用说，很多球员都会想避开球队里的日常，外出去征服那些长着杏仁眼的姑娘。日本姑娘着迷于蓝衣军团的球员们，当地媒体甚至称呼我们"帅哥军团"，而卡纳瓦罗因为几年前在《时尚·COSMOPOLITAN》杂志封面上的那副裸照，更是一马当先。

在我们那个小组，除了厄瓜多尔之外，还有克罗地亚和墨西哥。三个不强不弱但充满未知的对手。克罗地亚队让我尤其感到担心，因为他们阵中有一些凶猛的老将，像博克西奇、苏克、雅尔尼和普罗辛内茨基。事实上，他们以 2∶1 的成绩给了我们当头一棒，但墨西哥才是这个小组的最大惊喜，最终我们位列小组第二，艰难晋级。

这几场比赛之后，我并没有特别生气，只是恰到好处地愤怒。我不停地告诫球员要脚踏实地，重复到令我反胃。做一支"帅哥军团"没有任何意义，在球场上需要实力。我们在对阵克罗地亚和墨西哥（对阵墨西哥比分1：1，德尔·皮耶罗在比赛最后时刻打入了关键一球）的时候踢得太过浮夸，我们必须做出调整。

"这可是世界杯，去他妈的！我不知道也不关心你们当中有多少人以前踢过世界杯。但在这里其他球队都充满动力和激情，你们根本无法想象。这很不好，因为你们也应该有同样的斗志。你们看到墨西哥队了吗？他们拿到了 7 个积分，我们只有 4 个。你们想跟我说，那群墨西哥人几乎比我们强大一倍？所以说！他们能做到这一点，是因为他们把身穿国家队战袍参加世界杯当作是至高无上的荣耀，他们把球场变成了战场！而你们却一直在抱怨'什么集训太久，然后妻子怎么，女友怎么，情人怎么，每天的休息时间怎么……'，但现在不是抱怨的时候，现在你们必须要想'去他妈的，我现在在日本，穿着这身蓝色的战袍，整个国家都在看着我，我必须要奉献所有'！而不是什么妻子和情人！"

第二阶段的比赛我们迎来了最坏的消息：我们要对阵东道主韩国队。仅仅是提到韩国国家队的名字，就让人风声鹤唳，感受到一股霉运袭来。1966 年世界杯意大利输给朝鲜队被淘汰出局的记忆仍然历历在目。即使是对足球漠不关心的人也知道"朝鲜刽子手"朴斗益的名字，现在我们不能把韩国队和朝鲜队放在一起比较，在迷信面前，不能太关注细节。

韩国队是整个亚洲很讲究技术打法的球队之一。他们跑动起来像疯子一样，并能坚决执行战术安排，他们有很多在欧洲各大联赛踢球的球员。其中一个在佩鲁贾刚踢完意甲联赛，叫安贞焕，我相对比较了解的一个。

面对韩国队，我们困难重重，除了对手的技术实力之外，也有球场之外的因素干扰进来。日本队在淘汰赛首轮便出局，使得韩国队成了仅有的东道

主，东道主得到照顾，我极其厌恶这一点。像世界杯这样的大舞台出现这种
幕后操作其实并不难想象。有些时候我们不应该把事情想得太坏，但通常来
说事实便是如此。花钱买票进入球场的球迷，只有极少一部分是欧洲人或者
美洲人，剩下全是韩国人。从逻辑上讲，如果他们的国家队宠儿被淘汰，那
无疑将会是一场全国性的经济灾难，我想我就说到这里吧。

从比赛的前一天开始，球场看台上就被装饰上了各种横幅和标语，赞颂
1966 年世界杯朝鲜队的胜利，与此同时，无以计数的球迷高举红白旗帜，
彻夜喧闹。整个环境异常艰苦。每一个亲自到场见证了 2002 年 6 月 18 日
韩国队对意大利队那场比赛的人，都能够得到相同的结论。

比赛第三分钟，来自厄瓜多尔的裁判拜伦·莫雷诺便因为一个不是犯规
的犯规警告了科科；第五分钟，更是判给了韩国队一个点球，但佩鲁贾人安
贞焕只是给布冯当了一回配角。比赛仅仅 5 分钟之后，我便开始躁动不安，
心里涌上一阵不祥的预感。比赛之前，我便听到各种声音，阴谋家们预言这
场比赛将是布拉特 ① 对意大利设下的一个圈套，因为意大利是他在世界足联
任职期间的宿敌。我们已经提过要求，希望由一个能力被证明过的、经验丰
富的欧洲裁判来执法，因为我们在对阵墨西哥队的时候无条件接受了一个来
自南美洲的裁判。但结果呢，拜伦·莫雷诺，我们从未听说过的无名之辈。
上半场第十八分钟，波波·维埃里的一记大力头球为我们率先打开了局面，
但 4 分钟之后，托蒂因为一个无中生有的犯规拿到了一张黄牌。下半场的时
候，德尔·皮耶罗被一名已经被多次警告的韩国球员肘击，莫雷诺只是示意
比赛继续进行。

韩国人明白了莫雷诺对他们并没有特别严格，便借机开始踢得更凶猛，

---

① 布拉特是当时的国际足协主席，自 1998 年起担任过 5 次国际足球协会主席，在 2015
年被足协定罪为滥用职权。

动作幅度开始变大。与此同时，维埃里错失了两次甚至连 63 岁的我也能踢进的必进之球，但能够避免前锋在门将面前犯错的良药还没有发明出来。把我从浮想联翩中拉回现实的是韩国队扳平的那一球，源于帕努奇在小禁区内一次愚蠢的失误。一个近距离的反弹球入网，毫无疑问，点燃了整个首尔。

1：1，一切从头开始。

加时赛，仍然是愚蠢的"金球制胜法"。一次韩国队的角球，布冯没能接到，接下来是快速的几次对脚，球最终飞出了球门，但仍然吓出了我们一身冷汗。

丢一球意味着立刻出局，进一球意味着继续前进。那种紧张感无法想象，足球原本向来是一项犯错之后有机会去弥补的运动，但面对"金球制胜法"，一不留神就要付出惨痛的代价，这一点我的前任佐夫深有体会。加时赛上半场快结束的时候，托蒂在禁区内准备起脚射门，被推倒在地。

"点球！"我大声喊道。我正准备去拥抱替补席上的某个人，因为我对我看到的一切深信不疑，不过莫雷诺先是掏出了黄牌，然后红牌。弗朗切斯科因为假摔领到了第二张黄牌。我是如此愤怒，以至于我重重的一拳落在了教练席后面的有机玻璃上，世界足联的官员们就坐在那层玻璃的后面看着我。我还记得我狠狠地瞪着其中一位官员，而那个人面露惊恐，对我做了个无奈的手势，好像在说："我看到了，你是对的，特拉普，但是我能做什么呢？"

比赛剩下的时间，我们 10 打 11，不对，是 10 打 13（如果考虑裁判和现场球迷的话），但最难以接受的是就在这短短的时间里我们又见证了几次前所未见的不公判罚。

仍然是莫雷诺先生的杰作：在比赛结束前 5 分钟，托马西的一个毫无争议的进球却被判无效。那本该是一粒金球，本该结束那场噩梦般的足球比赛。但裁判认为托马西越位在先，然而从录像回放里可以清楚看到，他和韩国中卫在同一条线上，甚至还差了几步的距离。那是我们被判无效的第五个有效进球了。

我又给了那层有机玻璃三到四拳，然后转身面对球场的那一瞬间，韩国队进球了——安贞焕，偏偏是他，之前错过点球的他，在意甲联赛踢球的他。当时我们整个防线都麻木了，小禁区发生混战，而混战中安贞焕击中了布冯的头。

一切都结束了。

回家时的感觉不能更糟糕了：竞技层面做了充足的准备，精神层面也充满了动力，面对批评我们也毫不退缩，但如果比赛结果是由官僚决定的，如果裁判只是更高层领导的傀儡，这一切都是徒劳。莫雷诺在被自己的足协免职之后，又因为贩卖海洛因入狱。真的是一个独一无二的人物，只要稍有想象力，就能猜到他只是一个世界足联安排的秘密间谍，只是为了把我们赶出世界杯。我仍然记得后来他竟然出现在意大利国家电视台一档综艺节目中（肯定收了很多钱），他手舞足蹈，一副滑稽的小丑模样，直到有采访记者逼着他才举止得体起来。仅仅是看着他那张脸，就让我想要再次拳打有机玻璃，但不幸的是我的客厅里并没有那种东西。过早地被淘汰出局，让我开始犹豫不决：是时候告别所有人了吗？尽管那场对阵韩国队的比赛在某种意义上非常奇怪？媒体并不看好我，意大利报纸在那个夏天掀起了血雨腥风，让我预感到了我的悲惨结局，但最终，通情达理占据了上风，我续约到了2004 年葡萄牙欧洲杯结束。

最好不要再去想韩国队，而是埋头到工作中去。球队并不需要太大的变化，唯一的大变动是保罗·马尔蒂尼决定不再披上蓝色的战袍了。我又尝试了一些新的让人眼前一亮的前锋，像马卡罗内、迪·纳塔莱、迪·瓦约、科拉迪和马拉奇纳，但效果平平，渐渐地我选择了安德烈·皮尔洛，毫无疑问极具天赋的年轻人，还有卡萨诺。

皮尔洛在对阵阿塞拜疆队时最后 10 分钟替下因扎吉，在国家队首次亮相，然后在对阵塞尔维亚和黑山队时首发出场。他刚刚 20 岁出头，国际米兰并没有看到他的巨大潜力，把他卖到了 AC 米兰（至今都是一个令人无法释怀的错误）。在此之前，他一直在布雷西亚向巴乔学习，卡洛·马佐尼把他改造成中场指挥官，为的是能让他和巴乔在场上共存（他和巴乔是同类型的球员）。在两年的 21 岁以下国家队的历练中，他逐渐成长为关键性球员，现在是时候让他披上真正的蓝色战袍了。

皮尔洛虽然很年轻，却很严肃，循规守纪；相反，卡萨诺却极不安分，总是准备好去制造麻烦。他们俩是当时最具天赋的年轻人，被看作是国家队的未来，但他们在性格上的差距是如此明显，一个你可以放心地闭上眼睛，另一个即使眼睛睁得再大你也不能放心。

在备战葡萄牙欧洲杯的集训期间，卡萨诺来敲我的房门，冲我大喊："特拉普！特拉普！让我上场，你知道我是最强的！"当他情绪好的时候，其实挺讨人喜欢的，但和队友相处时，他总是脾气暴躁，竞争性很强，每天都要和不同的人争吵。我花了很多时间在他的床头和他聊天，为了能够让他冷静下来。我还向其他球员解释道："你们要对安东尼奥保持耐心，如果你们能够稍微容忍一下他，这对我们所有人都有好处，因为他真的很强。"

另外一个重要的招募是卡莫拉内西，尤文图斯的右边中场。他是阿根廷人，但也有意大利国籍，他在自己的祖国并不出名。当我问他愿不愿意披上蓝色战袍的时候，他犹豫不决，因为他仍幻想着能够得到贝尔萨的征召，为自己的祖国出战。他没有拒绝，但也没有接受。接下来便是一场长期周旋在我、球员、意大利足协和阿根廷足协之间的拉锯战。最终卡莫拉内西决定加入意大利队，而我解决了球队右边路的问题。欧洲杯开始前在卡迪夫城对阵威尔士的比赛中，我在这个位置上尝试了扎乌里，但试验失败。这么多年过去了，现在又开始讨论所谓的"意大利外国球员"。当年我踢球的时候，半支国家队都是有着意大利姓氏的巴西人和阿根廷人，但渐渐地这个趋势消失了，而如今这个火种再次被点燃。

在招募卡莫拉内西这件事情上存在着一个内幕。为了招募他，我甚至私下询问了那时的阿根廷主教练贝尔萨。

在葡萄牙欧洲杯上，我决定派出托蒂、德尔·皮耶罗和维埃里的"三叉戟"，卡萨诺是第一替补。我们被分在了一个谜一般的小组：瑞典，丹麦和保加利亚。乍一看并不是特别困难的对手，尽管我们在历史上对阵斯堪的纳维亚球队时总是受尽折磨，同时保加利亚人和他们辉煌的过去相比早已大不如前。

第一场对决在基马拉斯，我们和丹麦打成了 0 ：0，那是一场气氛异常紧张的比赛，因为托蒂向波尔森吐口水而被载入史册。当时的场上裁判并没有注意到，但丹麦足协把这件事上报了欧足联，托蒂因此被禁赛两场。那是一次意外的不幸，人们对弗朗切斯科更是口诛笔伐。

瑞典队以 5 ：0 狂胜了保加利亚，因此我们必须要追赶他们。第二场比赛我们在波尔图对阵瑞典（早些时候，丹麦队 2 ：0 战胜了保加利亚），我决定让卡萨诺顶替托蒂出场：卡萨诺、德尔·皮耶罗和维埃里组成锋线，皮尔洛也首发坐镇中场指挥。

狂热的卡萨诺，既有可能无所不能，也有可能因过于紧张而一事无成。幸运的是，在这场比赛里，他无所不能，在上半场打入了一粒精彩的头球。尽管全场发挥得非常出色，但我们却无法保住胜利的果实，这太让人抓狂。我开始时不时地看手表，秒针走不到半圈我就会看一次，我不停地整理我的领带，呼气，吸气，像火车头的鸣叫那样。

比赛所剩时间不多了，我用菲奥雷换下了卡萨诺，用法瓦利换下加图索，直到那个时候加图索还在前后场不停飞奔，最后用卡莫拉内西换下了德尔·皮耶罗。当我在指挥这最后一个换人的时候，我脑海中开始想象第二天媒体会如何评价这个保守的特拉普。"已经把胜利收入囊中，不过他们还是会批评我。"我自言自语道。但紧接着，是伊布拉希莫维奇那记惊世骇俗的进球，甚至让我们也不得不脱帽致敬。比赛只剩下2分钟，我的脑子里天旋地转。

比赛结束了，我对球队表现出的状态感到满意。我们得知，在积分排名上，如果最后一场比赛瑞典和丹麦以2：2以上的比分打平的话，将携手晋级，而我们无论赢保加利亚几球都将被淘汰出局。我并没有想太多，但我有预感事情一定会那样发展。

"我们实际上已经被淘汰了。"我向一个记者朋友倾诉道。不过那个记者朋友，和他的同事们，却围绕着这个话题争论不休，直到欧足联主席，瑞典人约翰逊站出来表态："如果瑞典和丹麦的比赛以2：2，或者3：3的比分结束，我就会展开调查。"

很显然，直到今天，我还在等着约翰逊展开那所谓的调查。

比赛结束了，你们猜猜看比分？2：2，瑞典人在第八十九分钟扳平了比分，这次著名的"饼干"事件被永远载入了意大利足球的史册。我们2：1战胜了保加利亚，佩罗塔和卡萨诺分别打入一球。但没有任何意义：三支球队同积5分，但只有两支球队能够晋级，它们是瑞典和丹麦。

我去安慰哭得像个孩子的卡萨诺。他刚刚踢了他人生中的第一次重大国际赛事，他甚至在两场比赛里首发，并打入两球，但这些都还不够。

我也是眼中含着泪水：在两年前丑陋的"莫雷诺事件"之后，我们又一次输给了和体育不相关的因素，带领国家队赢得荣誉的梦想再次破碎。我曾经在俱乐部里所取得的辉煌，在蓝衣军团这里都无法复制。

第 17 章　巡游欧洲

2004 年夏天，合同到期，我便离开了国家队，我并不满足：我曾梦想带领蓝衣军团追求最高的荣誉，但我们甚至没有进过半决赛，这让我备受折磨。宝拉不停地安慰我说，这两次大赛我都是输给了足球场外的因素，我只好接受事实，但内心深处我知道足球比赛最终分出胜负是要靠比对手多进一个球（或者比对手少丢一个球），不管是对阵韩国队还是瑞典队，我们本来还是可以克服种种困难，更注意防守，取得更好的结果。

我开始怀念俱乐部的那种氛围：每周都有比赛，每天都能接触到球员。国家队则复杂得多。我为能够指挥蓝衣军团而感到骄傲，但我也遇到了在这个岗位上惯有的困难：不可能按照我的想法真正去打造一个球队，集训时间太少，助理教练员太少，国脚多的俱乐部总是在施加压力。

作为国家主教练我还必须要忍受来自卢奇亚诺·莫吉的干涉，他简直无所不在。只要我征召尤文图斯的球员，他便开始给我施压，只有在世界杯和欧洲杯（这样的赛事可以提升他们的价值）的时候他才会支持我，但除此之外，像友谊赛，他总是不止一次给我打电话："这一次你可以征召蒂齐奥，但是让卡尔奥留下来怎么样？"

"亲爱的布鲁诺，我知道我很快会回到里斯本……本菲卡在邀请我。"

我的记者朋友眉毛一挑，露出会心的一笑。我们当时在返回意大利的航班上。

"当然了，你总是能够涅槃重生……每当你执教一支球队的时候，总是会有另外一支在邀请你！"他回答道。

"可见我很受欢迎！"

"这是真的，但你也知道，难道本菲卡现在不只是名义上的大俱乐部吗？"

"什么意思？"

"他们上次赢得联赛冠军是 11 年前，而葡萄牙联赛实际上只有三支球队在竞争，那里的 11 年相当于在意甲联赛的 50 年……还有整个俱乐部似乎都在重组，很多问题会随之产生。"

那些话，就像往常一样，从我一只耳朵进，另一只耳朵出。当我埋下头准备做某件事情的时候，很难有人能改变我的想法。也许宝拉可以，但大部分时候她也不能。同样的事情也发生过，当我和塔巴雷斯讨论卡利亚里的时候，再之前还发生在古典音乐这件事情上。我的朋友金科·蒙蒂借给我一些莫扎特和贝多芬的唱片，他认为这可以有效地治疗焦虑症。

"你就安静地坐在那个沙发上，听一听田园交响曲，一定会感到特别放松。"但是接下来我便开始埋头去听所有我能找到的古典音乐，甚至包括那些复杂的如瓦格纳、斯特拉文斯基和勋伯格的音乐——金科对此表示怀疑。他很有可能在想"从没有见过哪个来自库萨诺的足球运动员会着迷于瓦格纳"，但他错了。接下来的几年里，我收藏的唱片比商店里的还要多，我保持收藏的习惯直到今天，同样保持的还有我对古典艺术的热爱。当我执着起来，我不是为了任何人。

和本菲卡最初的几次接触要追溯到前一年的冬天。若泽·维加，著名经理人，刚刚上任不久的俱乐部总监，找到了我。我告诉他我们等到欧洲杯的时候再谈吧。再次改变国家、习俗、生活方式和对手，会让我觉得困扰，我也没有很了解葡萄牙足球，但多亏了维加，我很快就适应了。

当时球队中有努诺·戈麦斯，他曾在切基·戈里的佛罗伦萨踢过球，不过那时我刚刚离任。当时他是第一批去声讨拖欠工资的球员之一。我们面对维托里奥·切基·戈里时的共同经历，以及他那一口流利的意大利语，让我们很容易就团结在了一起。另一个我至今还津津乐道的球员是一个巴西年轻中卫路易萨奥，后来我同意把他推荐到国米。他直接飞到米兰去做身体检查，但出于我不知道的原因，最后并没有签约，路易萨奥便留在了本菲卡，直到今天，他将近 35 岁了。

在里斯本我住在万豪酒店，第十七层（"17"这个数字总是如影随形），每天从训练场回来我便立刻将自己关在套房里，在那里我可以享受酒店为我安排的专属服务员华金的服务。这本是一件很奢华的事情，但事实上却给我带来困扰：他是一个本菲卡的铁杆球迷，因此我要花费很长时间，有时用意大利语，有时用错误的葡萄牙语，向他解释球员们都怎么样了，谁的状态好，谁不好等等。我从训练场回来，脑子里已经塞满了太多人的脸和名字，还有战术图等等，回来后却还要继续和他讨论，但为了和他保持良好的日常关系，我又不得不忍受。很明显，我可以问他任何事情，他都会毫无保留地回应我，让我满意。我付给他的薪酬都在他的健谈上体现出来：当我把脚迈入套房的那一刻起，他便喋喋不休，直到我很明确地告诉他我想一个人待一会儿，他才停下来。

宝拉已经厌烦了跟着我满世界乱跑，所以只是偶尔过来看望我。所以说，每当她来的时候，服务员便不敢再暴露他的本性，而把他那爱管闲事的一面藏了起来。

本菲卡的目标是重新赢回西甲冠军，在过去的 11 年里，平托·达·科斯塔带领波尔图统治了西甲，他是维加的死敌，也是整个葡萄牙足球的主宰者。因此我也必须厌恶他，厌恶波尔图，除了同城对手里斯本竞技之外。作为一个外来人，看到这样的敌对关系，我会微微一笑，但我明白，对于里斯本的球迷来说，这就是他们生活中最重要的事情。

我非常喜欢里斯本这座城市，这是一个神奇的地方，有着迷人的角落让人忘记时光，还有像米兰那样的有轨电车，像热那亚那样的缆车。一个小城市，50万人口，城市规模正适合人居住。当然足球除外。卢西塔尼亚人为这项世界上最美的运动而疯狂，尤其是本菲卡，整个葡萄牙球迷数量最多的俱乐部。但俱乐部的管理层却稍显古怪。主席维埃拉并没有特别喜欢我，我也不是特别喜欢他，这我可以接受。我总是向维加汇报工作，和他合作一切都很顺利。

真正奇怪的事情是每日的训练和球员的所有权问题。对于前者，简单来说，根本不存在专门为我们设计的训练场。他们向我解释说一切都在建造中，但事实却相反，我从来也没有弄明白其中的原因，但总而言之，每天上午我们在卢斯球场训练，之后我们便被带到城市各个角落，有时候甚至出了城，训练总是在不同的地方进行。对我来说，在没有训练场地的情况下执教一整个赛季，真的是最荒谬的事情了。

另外，球员的归属权问题也是让我很困惑：基本上没有任何本菲卡球员属于本菲卡。他们全都属于一个投资基金，这就使得俱乐部和我不能独立地操作球员转会。

尽管有这些奇怪的事情，在葡萄牙的短期停留还是给我留下了美好的回忆。我在那里更好地认识了尤西比奥，他可是一座活着的纪念碑。他是一个害羞的人，不喜欢暴露在闪光灯下，但是他应该多出现在体育场里，因为仅仅是露面，便足以点燃整个球场的激情。和我相处时，他总是彬彬有礼，从来不干涉我的工作，从来没有半句坏话，从来没有批评。每当他出现在看台上，便会开始一场盛大的雄鹰仪式。雄鹰是本菲卡的象征，也在球队的队徽上，是球队的图腾。每一场主场比赛开始前，一只受过训练的雄鹰会被放至球场的半空中，这个时候球场的顶棚是关闭的，但当球场顶棚打开的那一瞬间，雄鹰向四周环视一圈，突然向着天空，冲出球场，5万球迷一起疯狂鼓掌——真的是非常壮观的场景。如果雄鹰最后回到栖息所，便象征着这是幸运的一天，如果没有，则是不好的预兆。

关于本菲卡最美好的回忆当然是在经历了一个艰难的赛季后，最终我们夺回了冠军：积分榜榜首的球队一直在不断地更替，我们最终拿到 65 个积分赢得锦标，波尔图拿到了 62 个积分，里斯本竞技拿到了 61 个。

决定冠军归属的一场比赛是在波尔图的夜晚对阵博维斯塔，我们打成了 1：1 平。我们的进球是来自西芒的点球，接着当裁判吹响比赛结束的哨音之后，一场盛大的派对立刻就开始了，场面比当年在慕尼黑更加壮观。实际上，我们是被球迷在两旁夹着护送出球场的，而球迷队伍延伸至 10 公里长一直到机场。当我们回到里斯本的时候，也是同样的场景：球迷夹道欢呼，我们在一辆敞篷的大巴车上，缓缓地向卢斯球场前进，球场里挤满了人。那是夜里 3 点，但 5 万球迷仍旧紧紧地围绕在球队周围，不愿散去。

11 年之后，我带领本菲卡再度赢回联赛冠军，靠的是我手里那些还算出色的球员和一个瘸子。对，一个瘸子。一个来自安哥拉的球员——曼托拉斯，刚到球队便遭遇重大伤病，两年的时间过去了他也没能完全康复，但球迷们太爱他了，以至于本菲卡一次又一次和他续约。他走起路来都很困难，一个膝盖彻底粉碎，当我来到本菲卡的时候，他在两年的时间里只踢了 8 场比赛。但在我执教期间，他踢了足足 15 场，并打进了 5 粒精彩的进球。直到今天，每当我回想起里斯本狂欢那夜，曼托拉斯所流露出的喜悦，我的眼眶便会湿润。

还剩下葡萄牙杯的决赛要踢，对手是塞图巴尔。如果我们也能把那座奖杯带回家，我也许会成为本菲卡的传奇，但某位领导人说服我要给在联赛里不常上场的球员多一些机会。我太过慷慨了，导致我们最终 1：2 输掉了那场决赛，直到今天，对这件事我都耿耿于怀。

因为本菲卡俱乐部特殊的管理结构，加上投资基金的存在，我不能像往常一样去规划俱乐部的未来。就这样，赛季结束后我和所有人告别，离开了。我又一次来到德国，这次是斯图加特。对德国的思念虽然不强，但时不时就会涌上心头，所以这一次我接受了来自红白斯图加特的邀约。这是一家有野心的俱乐部，在我带领拜仁赢得德甲银盘的那年便向我抛出过橄榄枝。我知道他们阵中有 3 到 4 名非常出色的球员，但当我来到这里的时候，却发现那些球员已经不在了。拉姆离开了，库兰伊离开了，赫莱布离开了。三个国脚，两个德国人，一个白俄罗斯人，都被卖出去了，只是为了赚钱。

"怎么可以这样，他们把我请来，却把最好的球员都卖了？"我大声质问道。为了弥补球队实力上的损失，我从 AC 米兰那里买来了丹麦人托马森，一个还算不错的前锋，但更好的球员已经被送走了。

很遗憾，我在斯图加特的经历真的非常灰暗：2006 年 2 月，我人生第一次被炒鱿鱼。唯一一件积极的事情是我挖掘了年轻的马里奥·戈麦斯。我在预备队周三的比赛里注意到了他，给我留下了深刻的印象。

"那是谁？"我问我的助手安迪·布雷默，没错，就是他。

"啊，戈麦斯，"他心不在焉地回答我，"对了，你应该看看另外那个家伙，还有那一个……"

"我对那些不感兴趣，我喜欢这个小伙子。从这个星期开始，他要在一线队训练！"

就这样他渐渐成长为一个强大的运动员，我亲自上阵单独对他进行指导。我们每天抽半个小时开小灶，因为他需要提高灵活度。我必须要说他是那一年德甲的惊喜，后来鲁梅尼格给我打电话询问他的情况，我对他说："卡勒，快点把他挖走，在他被国家队征召之前，因为到时候，他的身价会翻三倍。"

离开斯图加特的时候并没有什么愉悦可言，但能够把一个好球员推荐给我的老朋友鲁梅尼格和我的老东家拜仁，我感到很满足。

接下来几个月我什么也没做。这样的情况上一次出现还是在……什么时候来着？事实上从我还是个孩子起，便从没有出现过这种情况。我有了更多的时间待在家里，陪伴朋友德多和罗西，我也借机和宝拉一起放松地旅游。谁知道呢，也许她开始觉得我在 67 岁的时候终于有了退休的念头。我们一起去了圣多明各，为了能够尽可能地远离足球世界。无酒精鸡尾酒、阳光、大海，看看书……很美好，我不否认。但仅仅几天之后我开始坐立不安，忍不住要去考虑未来了。

我真的到终点站了吗？但是，再好好想想，10 年之前我不就已经考虑过终点站这个问题了吗？那个时候涌现出像克鲁伊夫、萨基、卡佩罗、希丁克这样的新人，但那并没有改变我的故事里的哪怕一个逗号。甚至，我还在继续赢球。

我还有欲望吗？有。我还有能量吗？多到可以去卖。我还有一个愿意信任我的主席吗？我没有预料到是这件事情让我特别难受。我用眼角余光去瞥我的手表，但在圣多明各你怎么会戴手表……我伸手去摸我的领带想用它缠我的手指，但在加勒比海上的一个小岛你怎么会戴领带……

也许我应该留在里斯本。尽管俱乐部内部乱作一团，但在那里我感觉很好，我赢得了联赛冠军。里斯本是我见过的最美丽城市之一。大家都爱戴我。我在斯图加特得到了什么呢？该死的德国思念病。但是，我想说，真的能够对一个不是祖国的国家产生思乡之情吗？

可以，当然可以。说到底，我和德国人是有共通点的。谁知道呢，有一种特别的共鸣，让我回想起我的童年，想起鲁迪，想起那块他送给我的美味巧克力。我和自己展开了多次的对话！为了赶走那热带的枯燥，那种关于懒惰的奢华，那种地方就是会给我带来这种感觉，感觉像是一只令人讨厌的苍蝇。我看着宝拉因为晒出古铜色的皮肤而心满意足，我也高兴起来，因为她终于可以平静下来了。但那不是我想要的生活。我从来没有失业过。我见过很多这种情况，很多同行会停下来休息一年，或者更久，我总是问他们那是什么感觉，现在我自己终于也感觉到了。

一天晚上，和我们一起来度假的布鲁诺·朗奇向我介绍格里·杰罗萨，瑞士提契诺州人，是巴塞尔队的观察员。我们立刻便成了朋友，聊着聊着，他问我对未来有什么打算。我很平静地回答他道，我想先休息一段时间，至少到这个夏天结束，因为我已经 30 多年没有这样做过了。

"我想把您介绍给吉吉·奥里，您认识她吗？"

"我只认识一个吉吉，路易吉·拉迪切……"

"吉吉·奥里是全瑞士最富有的女人，她嫁给了罗氏公司的继承人，现在是巴塞尔队的女主席。"

"巴塞尔是一支好球队。"我回答道，"我记得几年前在欧冠里，还打败了尤文图斯。还有一个优秀的教练，对吗？"

"是的，克里斯蒂安·格罗斯。只不过他已经决定了在这个赛季赢下联赛冠军后便离开。"

"然后呢？"

"听我说。当您回到米兰后，给我打个电话，我来安排您和吉吉的会面。"

整个假期在一瞬间就变得轻松起来。距离新赛季开始还有几个星期的时间，但至少我有了一个我喜欢的目标在前方。巴塞尔是一家在欧洲舞台初露头角的俱乐部，经常出现在欧洲冠军联赛里，而在国内联赛，它和苏黎世交替称霸。

重回意大利，我立刻给格里·杰罗萨打了电话。短短几天后，吉塞拉·奥里（即"吉吉·奥里"），巴塞尔女主席，乘坐她的私人飞机来到了利纳特机场。

会谈就像往常一样迅速，我表达了我的兴趣，然后我们甚至签订了一份预备合同。

形势一片大好，直到很突然地，我接到奥里女士的电话。

"特拉帕托尼，您知道上一个周末发生了什么，对吗？"

"是的，女士。你们在最后一轮比赛里输掉了联赛冠军。事实上，我曾想联系您给您加油打气，但后来一想，觉得最好还是……"

"因为净胜球！我们和苏黎世同样的积分，甚至还比他们多进了一球。我们丢了 6 球，这也太多了！"

"我能够想象到您的失望之情。"

"如果是我执教的话，绝不会发生这种事情。"我在心中念道。

"不管怎么样，我给您打电话是为了告诉您我现在所处的形势，真的是令人遗憾。格罗斯改变了他的想法，他现在决定不走了。他为错失冠军而感到难受，并问我他能否留下，明年把冠军夺回来。"

"啊……那您是如何回答他的呢？"

"和格罗斯的相处一直很愉快，我们的关系很密切。我不忍心在他面前拒绝他。但是我是一个言而有信的人，所以我向您提议先休息一年，巴塞尔俱乐部会正常给您发薪水，两个赛季之后您再来执教。"

那个提议体现了奥里的声誉，她没有找任何借口，没有偷换桌子上的牌，但我知道那个提议不适合我。

"奥里女士，我感谢您。我会认真考虑的，但事实是我想要执教。再来一年的假期我做不到……"

挂掉电话之后，我又立即打给了杰罗萨，并向他解释了整个事情。

"不要担心，我刚刚接触到了另外一份工作，也许你会感兴趣。你知道红牛吗？"

"红牛？那不是一款饮料吗？"

"正是。自可口可乐时代以来在饮料行业里最成功的品牌。从去年开始，他们甚至组建了一只 F1 赛车队，你想想他们的发展势头是有多凶猛。好，红牛公司的创始人，奥地利人迪特里希·马特希茨，刚刚买下了萨尔斯堡足球队。他将会投入巨大的财力，我相信，如果他能给俱乐部带来一个像特拉帕托尼这样的教练，肯定能够安抚球迷的愤怒情绪，因为他刚来就把红牛加

215

入到俱乐部的名字中，并改变了俱乐部的传统颜色。唯一的问题是，他刚刚招聘了马特乌斯。"

"作为教练？"

"是的。他是贝肯鲍尔的好朋友，他们一起决定了洛塔尔……"

"我也是贝肯鲍尔的好朋友，同时也是马特乌斯的好朋友，如果是因为这一点的话。"

"是的，但要注意，马特乌斯已经投入到新的工作中去了，我不知道如果你出现在他面前，他会作何反应。"

形势一片混乱。我什么都不做，只是在等待着杰罗萨再通知我该如何行动，直到贝肯鲍尔打来电话。

"乔瓦尼，你真的乐意去萨尔斯堡执教吗？"

"对啊，为什么不呢？"

"你总是让我惊讶！听着，我必须安排一些事情，给我个几天的时间，我再打给你。"

"关于洛塔尔，你来想办法？"

"是的。但我不能保证一定做到。你也知道他是什么样子的，不是吗？"

"谁比我更了解他呢？"

"也许是我。"

我与马特希茨见了面，我觉得他是那种比别人多一档速度的天才。他在萨尔斯堡的红牛总部接待了我，那是一个甚至可以说很科幻、很奢华的地方，到处都是绿色。他和我说了很多事情，比如他在斐济拥有一整座岛，比如他有数不清的私人飞机。毫无疑问，他当然能够在足球圈子里掀起风暴。我向他解释道对我来说一切都没问题，我对他的提议感到满意，但是有一个巨大的问号，那就是马特乌斯。

"你们两个人一起执教。"他试图把自己躲在角落里。

"那不可能。关于这个事情我可以很肯定，一个球队不可能有两个教练。"

"那么真正的教练是特拉帕托尼，但面对媒体我们说是两人共同执教。两位巨星总好过一个！"

马特希茨是那种从大局出发考虑问题的人，对他来说这也是一个公关问题，我必须得说，他也有他的道理。在如今的社会，最重要的是要喂饱媒体，但实际上，事情可以按照另一个逻辑去做。

到了要与洛塔尔见面的时刻，正如我所预料，他对于我的出现并没有很热心。他本来有着作为领导者的野心，而现在却要做我的助手，这肯定会伤害到他的自尊心。我们作为萨尔斯堡红牛的新任双主教练被官方介绍给媒体，在回答将如何共同执教的问题时，我们都含糊其辞，这个策略更适合我，因为我本就说不好德语。

我带着十足的动力开始了全新的奥地利征程，我很高兴我再次避开了意甲联赛。渐渐地我离意甲联赛那个世界越来越远，我也感觉到离过去几年的执教经历很遥远。联赛的水平一个赛季不如一个赛季。世界杯上里皮的胜利让我很欣慰，但剩下的一切，电话门事件，尤文图斯降入乙级，莫吉、吉拉乌多和贝特加正是那种衰落的象征，而这一切我都想离得远远的。足球在西班牙、德国和英格兰势头正盛，同时也被管理层严肃对待，他们更注重青训，那里有着更先进的硬件设施。我身处欧洲足球的郊外，但我却在一家前卫的俱乐部执教，刚刚涅槃重生，正渴望着壮大。

萨尔斯堡，这座城市让你会立刻联想到的事情之一，是莫扎特出生在这里。作为一个莫扎特的疯狂爱好者，我得以利用机会去参观他 250 年前生活过的地方，当我决定去剧院出席他的作品演奏会时，我预定了一个正厅座位以表达我的尊敬之情，还有来自观众那经久不息的掌声。我住的地方也无不彰显着奥地利的悠久历史：我会沉迷于从窗户望出去，俯瞰萨尔察赫河边的城堡，河水在山下两百米处安静地流着，正是这条河给了这座城市名字。

和我一起来到这里的还有我的助手法乌斯托·罗西（我们曾一起在佛罗伦萨共事），同时我委托格里·杰罗萨作为我的第三助教，他主要负责伤员的恢复工作和一些我和洛塔尔都无力解决的问题。我和格里一起过着快乐的单身汉生活，我们互相探访，并一起准备那些绝美的晚餐。宝拉想来找我的时候便会过来，她特别喜欢我的住处，我必须要说，那两年在奥地利的生活给我留下了太多美好的回忆。

从竞技足球的角度来看，一切都走向辉煌：第一年我便赢得了我人生里第无数座国家联赛奖杯（第 10 座）。我们的主场是人工草皮，我们也一直在人工草皮上训练，很快便适应了一种适合这种草皮的快速打法。竞争对手们，则相反，在我们主场踢球总会觉得很吃力。这也间接帮助我们以 19 个积分的巨大优势领先列特队赢得冠军。进球最多的是德国人齐克勒，马特乌斯的前队友，我也在拜仁执教过他。关于马特乌斯，我们那奇怪的共同执教经历仅仅持续了 2006—2007 一个赛季。在联赛夺冠之后，他便离开了，休整了一年，再之后他便开始了独立执教生涯。

和马特希茨的相处一切顺利，他所投资的球队在第一年便成功了，靠的是我的简洁战术和实用型打法。他总是奔波于世界各地，但他的公司总部在萨尔斯堡，所以他总能找到时间关心球队。

第二个赛季，尽管我们成功续约了联赛最佳射手齐克勒，但最终我们只获得了联赛第二名，屈居于维也纳快速队之后。马特希茨在和我续约这件事情上一直在给我施加压力，但在 2 月份的时候，我向他坦言我会离开，尽管我在这里能够完美地适应（奥地利人和拜仁人非常相似，萨尔斯堡和慕尼黑也只有 150 公里的距离）。并不是什么现实问题困扰了我，而是我有了新的计划，新的目标在向我招手，也是在欧洲，也是远离意大利。

这一次，不同的是，我终于要认真地学一学英语了，因为我的命运将我带到了爱尔兰。

第 18 章　沿着圣帕特里克的
　　　　 步伐

有人开玩笑地把詹姆斯·乔伊斯的《尤利西斯》送给了我，他对我说，这本书的背景在都柏林，整篇故事都发生在漫长的一天内，叙述方式和我讲话的方式也有些相似：这个爱尔兰作家不用标准的标点符号来书写，而且倾向于不结束一段长长的句子。经过药喇叭乐队① 多年的调侃之后，我已经不在意我不经意的词句构造会带来的喜剧效果了。乔伊斯还在的里雅斯特生活过，也懂得那座城市的方言，就像我的师傅内里奥·罗科一样。我尝试着读了几页，但在 10 分钟后就感到头疼了：这不适合我。

爱尔兰，在意大利、巴伐利亚、葡萄牙和奥地利之后。全部都是天主教国家。我的天主教血统流淌在我的血液里，我无法忽视它。有时我气急会说出几句诅咒的话，我是个罪人，但我继续按时去参加弥撒。如果周日我在库萨诺的话，那么我就会去我的教堂，我从小到大接触的教堂，到我的同乡之中，到那些从孩提时期就相识、如今已让岁月染白了双鬓的旧人中去。

我已经不是当初的金发小伙了，这还用说？有一件事是肯定的，我对同龄人中流行的染发不感兴趣（有时，我会发觉一些比我小二三十岁的人也染发）。

"乔瓦尼，接下来我们做什么呢？"那是 2008 年的春天，我正在萨尔茨堡红牛结束我的第二个赛季。我从未遗忘里亚姆·布拉迪和他的专业素质。伟大的足球运动员，伟大的足球教练。假如我是个爱追忆往昔和发牢骚

---

① 药喇叭乐队由三位意大利作者和电视、电台评论员组成，以调侃和讽刺足坛新闻闻名。

的人，我大概会说："这样的球员，现在可找不着了。"随着时间的流逝，我慢慢失去了对他的关注，只从最新消息中得知他成了他的伦敦老球队——阿森纳青年队的总经理。许久不见，我在电话中听到他的声音感到无比的亲切，也非常欣喜。

"里亚姆！什么风让你想起来给我打电话了？你知道我是个容易激动的人！"

"我打给你是代表爱尔兰足协。你猜怎么着？他们想聘请你做国家队的技术指导！"

"这对我来说是个很大的认可！下个赛季，我还什么都没想好。邀约不少，你明白的。你知道，当一个人在意大利、德国、葡萄牙、奥地利……都所向无敌之后，就变成一个圣人般的存在……"我戏称。

"在我们爱尔兰这儿，你可以成为圣帕特里克……你是 3 月 17 号出生的，对吧？"

"是的。可这和圣帕特里克有什么关系呢？"

"3 月 17 号，正好是爱尔兰守护神——圣帕特里克的节日。相信我，仅凭这个，你就会受到球迷们的爱戴。"

我喜欢这个巧合，因为正好跟我的幸运数字 17 有关。

"听着，里亚姆，我们见面吧，定个日子。在做最后的决定之前，听听你们的规划也无妨。"

就这样，一天，一架私人飞机降落在了萨利斯堡，整个爱尔兰足球协会隐藏自己的身份来此，里亚姆·布拉迪向我提出了成为下一任爱尔兰国家队技术指导的邀请。他们向我解释称，史蒂夫·史当顿被辞退后，球队由训练 21 岁以下国家队的唐·基云斯管理，他们认为我是正确的人选。

我喜欢爱尔兰人，特别是在看见他们带来了布莱德。里亚姆还在阿森纳工作，但表示能为足协和我做中间人。他不敢直接问我，不过我也感受到了他想继续做这份差事的愿望。

"我一切都可以，只希望里亚姆能做我和足协之间的带话人。他认识这些球员，可以继续在伦敦安营扎寨，审查英超中的孩子们，而且他会说意大利语，而我的英语非常烂。作为球场上的副教练，我希望是克劳迪奥·真蒂莱或马可·塔尔德利，他们俩也对里亚姆非常熟悉。"

我询问了真蒂莱是否有兴趣。我曾经和他在意大利国足时期一起工作过，后来他成了 21 岁以下国家队的技术指导。他当时回复我正在为了执教一支乙级球队交涉，所以没有接受我的邀请。塔尔德利则结束了和尤文队新高层的曲折关系，很乐意接受我的邀请。在接下来的 5 年里，他会与我并肩率领爱尔兰国家队，杰里·杰罗萨作为旁观者。

降落在爱尔兰，第一件察觉到的事就是田野的气息。走下飞机的梯子，你就能闻到。亲切的牛棚味儿！时光仿佛瞬间回到 50 年前。而且，这不能叫作臭味儿，必须得说清楚。对我来说，它是最令人陶醉的味道。不刺鼻，像蜂蜜一样甜蜜。它是童年的味道，我的童年。

这就是为什么我迅速融入了爱尔兰的生活。我感觉到自己受到了温暖的迎接，被理解、被支持。整个爱尔兰人的热情，这些在全世界都找到了故乡的人，对我，一位职业教练，给予了最诚挚的欢迎。这是对我职业生涯的敬重和赞美，即使我是个外国人。

在一个如今已经全球化的足坛面前，爱尔兰依旧是爱国主义坚实的堡垒。在我之前，也有个外国技术指导员，杰克·查尔顿，英格兰人。这位带着爱尔兰一步步攀登到了 1993 年的足协排行榜上的第六名，他的知名度胜过任何一个爱尔兰体育人。作为一个意大利人，我庆幸自己不是个英格兰人，能够好好承受与查尔顿不可避免的对比，就已经可以被认为是一项成功。

　　我任职的官方消息在 2008 年 5 月 1 日公布，但早在 2 月 13 日马特希茨就正式宣布了我将在联赛结束后离开红牛，成为爱尔兰的技术指导员，因此我这个官方任职早已不是什么大新闻。这则新闻的吸引力在于被媒体报道的方式，照片里我戴着大主教三重冠，与圣帕特里克无二。这张合成照片引起了爱尔兰媒体的纷纷转发。我的出生日期和圣帕特里克的节日重合，这个巧合点燃了整个国家的想象力。每当进行国家队的比赛时，都柏林的大屏幕上就会固定放出我的肖像和一只在袋子里的猫，上面写着："*Don't say you have the cat in the sack when you don't have the cat in the sack*（不要说得到了猫，如果它还没进你的袋子）."

　　真是太神奇了，我的库萨诺谚语竟然漂洋过海来到了爱尔兰。如果爸爸还在的话，他不知道会说什么呢。

　　我一到来，大家就向我引荐了曼努埃拉·斯皮内利，一位为欧洲橄榄球协会做翻译的布里安扎老乡。我当时的考量是，为了不发生误解，更好地控制住与媒体的交流，需要一名完美掌握英语的人来替我们发言，就这样曼努埃拉变成了我影子般的存在。她和我形影不离，从早忙到晚。同时，她的名气也变得越来越大，因为我每次上电视，画面都会将她也捕捉进摄像头里，她是个年轻又机灵的女孩子，总能吸引爱尔兰公众的注意力。她常被邀请去上电视节目，被采访，走在路上都会被人认出来。甚至，她后来参加了一档电视真人秀，每位参赛者必须学会一个乐器。她学会了大提琴，顿时名声大噪。我和塔尔德利出行从不会落下她，我们是个美丽又欢乐的三人组，可能那边的人都这样觉得。无须怀疑的是，大众非常喜爱我们。也对我们抱有极大的期许，希望我们能获得进入 2010 南非世界杯的资格。

　　我和马可非常在意。我们在英格兰建立了庞大的观察者网络，爱尔兰当地的联赛并不能提供多少出色的球员。几乎所有优秀球员都在英格兰，有人在英超的球队中，有人在英冠的乙级俱乐部中。英超球员可不会每周六都上场比赛。杰瑞和里亚姆前往比赛，而那位我们感兴趣的球员有可能一直待在替补席。多少次，他们因为白跑一趟和我置气！

　　起初的几场友谊赛不好也不坏：和塞尔维亚打成平手，打败了智利。第一场正式的世界杯预选赛是格鲁吉亚对阵爱尔兰，比赛在一个中立的场地举行，当时格鲁吉亚正在与俄罗斯交战。

　　比赛在德国美因茨完成。对阵一个正在被炮轰的国家，这真是太疯狂了。我想象了一下那些球员的生活，可能他们的兄弟正在浴血奋战，而他们却要入围世界杯。

　　即使抱着对格鲁吉亚球员们和同行们的无限敬意，比赛，我还是必须获胜，在预选赛的客场取得一个胜利，这是报答爱尔兰人民的爱戴的最好方式。

　　我们以 2：1 结束，很棒的开始，所有人都欢欣鼓舞。"好吧，对手有更重要的事需要去忧心，但接下来前往蒙特内格罗，我们必须收获双丰收。"曼努埃拉对记者翻译道。

　　4 天后，在波德戈里察，我们 0：0 结束，但总体来讲表现不错，因为蒙特内格罗有着武齐尼奇、约韦蒂奇在前面冲锋陷阵，这两位可不容小觑。我们带着零失败和积分榜上的 4 分回到了爱尔兰。我正在被大众考核，并且还未和意大利队这块最难啃的骨头正面交战，两支队伍正好分在了同一分组。

　　我在抽签的时候忍不住失声笑了出来。我很荣幸能到率领着我那充满移民的国际军团，迎击意大利国家队，这个世界冠军。里皮是新主帅，他赢得了世界杯。交锋的日子是 2009 年 4 月 1 日。我们来到了比赛举行的地点——巴里，一天，宝拉和朋友在一家餐厅吃晚餐的时候，被介绍给了几位爱尔兰球迷，瞬间就被一群激动的球迷包围，他们互相告知着："She's

Trapattoni's wife（她是特拉帕托尼的妻子）！"请她签名合照。对阵世界冠军的这场客场比赛，我们最终得以凭借1分的优势领先对手，这得益于罗比·基恩在即将结束前进的一个球。在赛后的采访中我表示这是场精彩的比赛，我说道："里皮手上有着绸缎，可以做出华丽的衬衣，而我只有棉布，最多只能做出些领带来。"

里皮，在我之后被采访，有意针对我："记得特拉帕托尼也曾拥有过同一批绸缎，可依旧没能做出衬衣来。"他大概是这么说的。这让我感到里皮有些心胸狭窄，当时我带领的国家队并不是被对手踢出世界杯的，而是被裁判。好吧，不要过多在意这种赛后诸葛亮式的评价。

用当时的那种干劲儿前进，我们入围的希望非常大。三场胜利，三场平局。我们没有遇到有能力碾压我们的球队。我、马可、杰瑞和利亚姆看到了前往南非的希望，因此而振奋。爱尔兰人民值得这一切，我们同时也感到身负重担。

在都柏林，我们和意大利进行第二场比赛，已经是10月份，我们在积分榜上用一场平局和一场胜利添加了4分。街道上到处张贴着巨大的横幅，上面印着我的脸和"HOPE"——"希望"字样。意大利记者为之惊叹，他们不停地对我说："特拉普，你在这里比国家总理还重要！"

我派上场的队员个个顽固又具有攻击性，那场比赛可以说是参加世界杯以来最为精彩的一场。艺术之子维兰让意大利猝不及防，在第八分钟罚点球得分，用了一记我们在训练时就已经设计好的远程点球。刹那间，克罗克体育场被球迷们爆发出的喝彩掀翻。

其实我一直不喜欢过早得分。不要说得到了猫……如果太早占优势，会让人有猫已经进了袋子的错觉，然而稍微失去防范的话，猫就会跑掉。

果不其然：20分钟后，我的老学员卡莫拉内西就将我们戏弄了，比分打平，一切需要从头再来。整个上半场，我们全力以赴但有条不紊地进攻，意大利队略显吃力地抵抗着我们。

下半场，蓝色军团的实力仅仅展现在了亚昆塔的一次进球上，却被裁判认为越位判定为无效，在其余的时间里，球队一直在试图击溃我们的进攻。最终，结束前 3 分钟，布冯彻底举手投降，因为我们的后卫圣莱杰，作为一位新晋的国家队队员，贡献出了生涯中第一次在国家队内的进球。

"大获全胜，"我心里想着，"如果胜利的话，就代表着赢得了这一轮比赛。不要说得到了猫。只差 3 分钟了。不要说得到了猫。不要说得到了猫。"

44 分的时候，里皮派佩佩上场。而我没有替补，如果有替补来分担一点时间并让大家休息一会儿的话，就再好不过了。当离结束就差几秒钟，佩佩好似着了魔，他紧挨亚昆塔，插入吉拉迪诺，一记反弹球，平分。太倒霉了。

是的，我当时就是这么想的："太倒霉了。"我和塔尔德利相看无言，摇了摇头。我打赌，如果我们打败了里皮，马可会非常高兴，顺带着整个尤文都会跟着开心。那支不再属于我们的尤文队。

只得忍耐。最终比分 2：2，我们必须面对与强大的法国队的决胜局。

法国队的实力毋庸置疑。可为什么沦落到这种地步，和波斯尼亚黑塞哥维那、希腊、葡萄牙、俄罗斯，还有我们可怜的爱尔兰国家队分到了同一组，有传言称其中几大原因之一是怪诞不经的主教练雷蒙·多梅内克，他受许多球员厌恶，他们甚至拒绝与之来往。我们倾注了所有精力准备双决赛，南非正在等着我们。

2009 年 11 月 14 号，法国队来了。带领这支队伍的是新秀古尔库夫，他在前方布置了阿内尔卡，更关键的是蒂埃里·亨利。上半场旗鼓相当，下半场法国队的进攻越来越密集，离结束不到 20 分钟，正是阿内尔卡踢出了一记场外球，被圣莱杰半途改道击中了守门员。

太倒霉了。又一次不幸。

有人说，主场怎么能不进球。我在更衣室揽下所有的指责，宽慰队友们还有希望胜利。第二回合于 4 天后在位于圣德尼的法兰西体育场举行，我选择了和第一回合一样的首发队员，法国队也是。裁判是芬兰人汉松。同样是势均力敌的一场比赛，我们唯有得分才能扳回一城。上半场快结束的时候，我看见达夫借着默契的二过一传球来到了球场的尽头……

"加油，往后传，快传！"

他传给了周围无人盯防的罗比·基恩，基恩立刻将球踢向了球门。基恩在国家队内的第 41 个进球，刷新了纪录，比分差距也被成功拉平。加时赛的时候我们已经精疲力竭，但明确地知道晋级已经唾手可得。绝对不能在最后一刻松懈。

整座球场全是法国人，队员们怀念克罗克体育场自家的颜色，我用我的学堂式英语给他们鼓劲儿。我以为那就足够了。

接下来发生的事被载入了足球史的一页。大家都清楚，2009 年法国对阵爱尔兰，129 分钟时发生了什么。赞助商是阿迪达斯的国际足协，认为世界杯的球衣上缺少了同样的这家德国公司的标志，不是很理想。

我们球衣上的是茵宝，可能布伦特先生觉得还不够格吧。

蒂埃里·亨利不假思索地接住了一记长传球，调整了下运球的最佳姿势，继而递给了加拉斯，进球。从教练台和观众席上观看，这一球似乎一切正常，可我的后卫们随即做出的反应让我感到事情有丝古怪。

所有人，包括守门员，一齐跑向了汉松，告诉他那是个显而易见的用手接球的犯规动作。一位裁判助手从一台监视器上看得清清楚楚，但他却没有丝毫动用麦克风让真相大白的意图。

裁判最起码可以询问亨利是否有用手碰到球，可他什么也没做，直接判进球有效。

比赛以 1 ∶ 1 结束，法国举国狂欢。在更衣室内我赞扬了队员们的表现，我们的表现可圈可点。在爱尔兰电视台的采访中，我在重复了多次教练也可能失误的前提下，我将汉松比作了莫雷诺。

那个进球的影像铺天盖地地在全世界被人们传阅，毫无争议地宣告这球理应被判为无效，直到国际足协也被召集，承认这是个无比粗心的错误。

里亚姆·布拉迪与足协主席德莱尼正式要求重新比赛，然而国际足协却回绝了这个请求。亨利表示自己并非裁判，无能为力，可也承认重新比赛是最公正的解决方法。法国群众的舆论将晋级视为一种侮辱。事实就是每个人都认为我们是正确的，却无人伸出援手。

在 12 月初，布拉迪和德莱尼尝试了下下之策：向国际足协申请作为第三十三个参赛国家，因为球队并没有受到公平的待遇。即使这样，布伦特也回绝了我们的提议。

我和塔尔德利不能如愿代表参赛国前往南非。我们真的非常在意，但也懂得了：国家队不适合我。想想可真是火冒三丈，两次世界杯的道路，都被裁判阻断了。

百分之五十的责任，可以说在我，错误的规划、不合适的编制，我接受。但另一半的责任，则在莫雷诺和汉松身上。或许只在一人身上，那就是那位布拉特先生，他领导了世界足坛数十年。国际足协用 500 万欧元的赔偿安抚了爱尔兰足协。我对此充耳不闻，那次以后，如果不幸遇到布拉特的话，我都会想方设法避免跟他握手。

我用 2012 年欧洲杯的晋级，重新复活了爱尔兰对我的信心。第二名，位于俄罗斯之后。6 场胜利，3 场平局，1 场失利。缺少足球巨星（除了基恩）的阵容，包括几位散落在整个英国，且大多数是做候补的球员，24 年后重新带领这样一支国家队一路杀进欧洲比赛，这对我和马克来说值得引以为傲。

最后阶段的轮回赛包括西班牙、克罗地亚，还有由我的前球员切萨雷·普兰德利率领的意大利。非常尴尬的局面。克罗地亚3：1打败了我们，四日后西班牙以4：0吹灭了希望的火苗。卡萨诺和巴洛特利在第三日将我们击溃，我们以0分、9个丢球和1个进球铩羽而归。实际上，我们也深知我们并不会有更加出色的成绩。

我心中那个驱使着我一次次换城市、换球队的魔鬼已经消失，我在爱尔兰生活得很惬意，工作也顺风顺水。在如今这样的风气里，重要的只有结果、名气和金钱，留下似乎是个不顺应潮流的选择。爱尔兰绝对不是世界中心，从经济方面来讲也有其他更好的环境，可率领一支比本国任何俱乐部都受关注的国家队，这是千金难买的。而且，国家队的节奏，使我感到满意。

我的新目标是巴西世界杯。作为技术指导，我的目标是欧洲杯和世界杯，别无其他。每两年，一系列的晋级比赛就会开展，为了去南美，我们需要面对德国、奥地利、瑞典、卡扎克斯坦和法罗群岛。至少两个对手（德国和瑞典）达到了我们无法匹敌的高度。我们可以与奥地利角逐第三名，可并没有什么价值。

在爱尔兰生活的这么长时间以来，我训练过的编制有好有坏。三四年前的那支队伍，差点前往了南非，是最优秀的一支。2014年巴西世界杯参加预选赛的那支可以说是最差的。我麾下的球员不成大器，除了木秀于林的基恩，最终我们只赢得了最容易的那4场（对阵卡扎克斯坦和法罗群岛）。

2012年10月我度过了我在爱尔兰执教最黑暗的时期，在都柏林我们遭受了来自德国队惨不忍睹的6：1的碾压。无独有偶，在维也纳我们败给了奥地利，而且还是最后一刻被进球。命运作弄，比赛恰好是在恩斯特·哈佩尔球场进行，那传奇的老普拉特球场，现在被命名为了我老对手的名字。

　　我已懂得了是时候离开爱尔兰，将我的运动服高高挂起了。

　　挂起来，现在⋯⋯

　　应该叠好放进抽屉里才是。

　　等到我退休了再把它挂起来吧。

结语

"你看，脑子就是个肌肉，对吧？"

"是的，但我现在让它太操劳了……我可能会抽筋呢。"

"你对我讲述了你的故事，意大利足球的故事，甚至有一点儿整个意大利的故事！你真的觉得这值得出一本书吗？"

"别再跟我提书的事情了！你就像个坏了的光盘，跟你听的那些一样……好了，今晚我们也聊到很晚了。"

布鲁诺站了起来，他闭着眼都能找到我家的门。

"你知道吗，特拉普？在你讲的所有事里，我没有听到任何遗憾。你已经睿智到对'遗憾'这个人类特质免疫了吗？"

"我不知道，布鲁诺。现在这个点钟让我都想不出'遗憾'是什么意思。我只能说我遗憾没能把你早几个小时踢出我的家门……"

我陪着他来到了门口，布鲁诺对我点了点头，然后走了。

遗憾不是我的风格。这无关睿智与否。是生活，在漫长的岁月中，教会了我随波逐流，接受世事更迭。迄今为止，我的生命由胜利和打击交织，如同其他人的一样。太多的胜利或太多的打击都不好，需要找到合适的平衡。胜利比较容易消化，睡一晚，兴奋就消逝了；而打击，则更难消化，消化打击的药，还没被研发出来。发泄是个好方法，总比什么都憋着好。发泄完，然后仿佛什么事都没发生过一样继续生活……我们说到哪儿了？这是罗科教会我的，我把它变成了自己性格中的一个特点。然而，有一些打击，是永远不会消散的。它们永远在那儿，于事无补。也许，它们就是我的遗憾。

我无法避免回忆起我坐在蓝色军团的教练席的那段日子。那次世界杯和那次欧洲杯。一条连接韩国和葡萄牙的暗线。我多么想在正常的境况下再比一次那次世界杯和那次欧洲杯，看看最后到底会是什么结果……我并非不谙世事，我训练过尤文队多年，清楚某些事情是怎样的，清楚当一个裁判倾向于你的球队是怎样的，就是因为这样，我才更想公允地重来一次。

重来一次，让球衣上的品牌不再重要，金钱的重要程度是正常不扭曲的，就像我对待它一样，让那个世界里的裁判不再是个为了"饼干"可以出卖亲人的败类，让"饼干"不出现在更衣室里，而是早晨蘸着牛奶吃。

我很乐意公正地重来一次：11人对11人。而我则在教练席上吹口哨、呼喊、诅咒。

这些就是，布鲁诺口中所说的"遗憾"。我对遗憾并不免疫。我也没有看上去那么睿智。我其实只是一名另一个时代下产生的爱钻牛角尖的中场球员，不爱反复咀嚼过去的事。

还有，关于我这一生的书，我是绝对不会写的。

这是肯定的。